AF641553

Helmut Zöpfl

Unfassbar heißt nicht unglaublich

Glaube und Naturwissenschaft auf den Punkt gebracht

Seiner Heiligkeit

Papst Franziskus und
Papst em. Benedikt XVI.

gewidmet

Helmut Zöpfl

Unfassbar heißt nicht unglaublich

Glaube und Naturwissenschaft auf den Punkt gebracht

Mitarbeit und Beratung
Dr. Alexander Müller

Vorwort Notker Wolf

benno

Prof. Dr. Helmut Zöpfl,

geb. 1937, em. Professor für Schulpädagogik an der Ludwig-Maximilian-Universität München, Dissertation in Geistes- und Naturwissenschaften, Ehrendoktorwürde der Lateranuniversität und der Universität Moskau, Bestseller-Autor von ca. 50 Büchern, darunter Mundart-Verse und Geschichten, Kinderbücher sowie zahlreiche wissenschaftliche Publikationen, mehrere Jahre Kolumnenautor bei verschiedenen Zeitungen und Autor beim Bayerischen Rundfunk, Liedtexter, Träger des Bundesverdienstkreuzes und des Bayerischen Verdienstordens, 2021 ausgezeichnet mit dem deutschen Schulbuchpreis.

Bibliografische Information der Deutschen Nationalbibliothek
Die Deutsche Nationalbibliothek verzeichnet diese Publikation in der Deutschen Nationalbibliografie; detaillierte bibliografische Daten sind im Internet unter http://dnb.d-nb.de abrufbar.

Besuchen Sie uns im Internet:
www.st-benno.de

Gern informieren wir Sie unverbindlich und aktuell auch in unserem Newsletter zum Verlagsprogramm, zu Neuerscheinungen und Aktionen.
Einfach anmelden unter www.vivat.de.

ISBN 978-3-7462-6191-1

© St. Benno Verlag GmbH, Leipzig 2022
Umschlaggestaltung: Rungwerth Design, Düsseldorf
Covermotiv: © stock.adobe.com/Goldengel
Lektorat: Bernhard Edlmann, Raubling; Patricia Fritsch, Leipzig
Gesamtherstellung: Kontext, Dresden (C)

Inhaltsverzeichnis

Vorwort

Können wir uns noch wundern? Oh ja, wir können uns über vieles wundern, über die gegenwärtige Politik, über die Lügen im Alltag, über die Preissteigerungen und vieles andere mehr, was uns gegen den Strich geht. Aber können wir uns wirklich noch wundern im ursprünglichen Sinn?

„Sich wundern" bedeutet eigentlich „staunen", staunen über die Schönheit der Blumen, das Gezwitscher der Vögel, staunen über die Naturgesetze, dass sie so und nicht anders sind, staunen über die Evolution hin zum Menschen, staunen über das menschliche Gehirn und das Selbstbewusstsein des Menschen, nicht zuletzt über die enorme Lernfähigkeit eines Kindes.

Das Staunen wirft Fragen auf: warum, woher, wohin? Es sind viele ursprüngliche Fragen, die wir stellen, aber kaum weiter bedenken. Die griechischen Philosophen der Antike haben noch sehr ursprünglich gefragt: Was ist der Ursprung der Welt, woraus besteht sie? Wie kommt Erkenntnis zustande? Schon Kinder können mit ähnlichen Fragen ihre Eltern zur Verzweiflung bringen. Wir aufgeklärte Menschen mögen solche Fragen als Unsinn abtun, dafür seien die Naturwissenschaften und die Psychologie zuständig. Aber sie sind sehr wirklich und existenziell bedeutsam, denn es geht um den tieferen Sinn des Ganzen und unseres Lebens.

Müssen wir eigentlich alles analysieren und erklären? Oder gibt es nicht auch andere Dimensionen unserer Erkenntnis oder unseres Umgangs mit der Natur? Gibt es nicht auch den Zauber des Schönen? Muss alles sozusagen entzaubert werden? Wir merken anscheinend nicht, dass es sowieso nicht möglich ist, alles zu erklären. Können wir nicht auch dastehen wie ein Kind und die Dinge wahrnehmen und uns daran erfreuen? Wir meinen alles zu erklären, wenn wir die Wellenlänge der Farbe Blau beschrieben haben. Aber was Blau ist, können wir einem Blinden nicht mitteilen, auch wenn wir es physikalisch oder chemisch noch so gut beschreiben. Er muss es erleben, er muss die Farbe sehen. Daher noch einmal die Frage:

Müssen wir alles erklären? Von sich aus weckt die Natur in uns Menschen die Neugier. Wir wollen noch mehr wissen, wir wollen wissen, wie alles entstand und zusammengesetzt ist, wie alles funktioniert; aber was ist das Ergebnis einer solchen physikalischen oder digitalen Erklärung?
Wir tragen die Sehnsucht nach Erklärung in uns, nach einem Verstehen, um uns in dieser Welt zurechtzufinden; aber ist das wirklich alles? Welchen Lebenswert oder welchen Mehrwert an Leben haben wir, wenn wir die kleinsten Materieteilchen noch weiter auflösen können? Wir können nicht einmal die Grundkonstanten der Natur erklären, sondern müssen sie als gegeben hinnehmen.
Mein Freund Helmut Zöpfl fragt und fragt, immer weiter, geradezu unerbittlich, und entdeckt dabei umfassendere, ganzheitliche Dimensionen. Diese Sichtweise reicht über die Naturwissenschaften hinaus oder verbindet Naturwissenschaften mit Philosophie und Theologie. Sein Werk ist eine „Summa philosophica" hätte man im Mittelalter gesagt, eine Quintessenz seines Forschens und Fragens. Lassen wir uns von Kapitel zu Kapitel weiterführen. Es zeigt sich eine Vision der ganzen Welt und ihrer Zusammenhänge – ein faszinierendes Buch. Am Schluss bleibt wieder das Staunen über das einmalige Wunder: die Natur, die Welt, den Menschen.

Notker Wolf OSB,
Abtprimas emeritus der Benediktiner

„Gott gibt sich nicht zu beschreiben, sondern er spricht zum Menschen durch das Fassbare hindurch, und sein Name steht für seine Einzigkeit und eben seine Unfassbarkeit. So ist das Unfassbare eben das Paradox, das Skandalon, das in die Langeweile des Fassbaren einbricht wie der Lichtstrahl aus jener anderen Welt, die alle bedeutsamen Anthropologen als den Grundgegenstand des religiösen Glaubens bestimmt haben."

Walter Schweidler, Philosoph

Wie alles begann ...

Von den frühen Bildern aus meiner Kindheit ist mir eines ganz besonders in Erinnerung geblieben. Nachdem unsere Wohnung in dem alten Mietshausblock ein Opfer der Bomben geworden war, verbrachten wir das erste Weihnachtsfest nach dem Krieg in einem winzigen Wohnraum in Erding, wo wir evakuiert waren. Das schönste Geschenk hatte ich schon einige Tage davor erhalten. Mein Vater war aus der Gefangenschaft zurückgekehrt. Aber da gab es noch etwas Herrliches: Unter dem Christbaum und der von meiner Mutter selbstgebastelten Krippe lag auch noch ein Wunschgeschenk, von dem ich nie geglaubt hätte, dass es mir das Christkind bringen werde: ein kleines Buch mit vielen Bildern über Sterne. Vielleicht hatte das Lied „Weißt du, wie viel Sternlein stehen ...“, das mir meine Mutter oft zum Einschlafen vorgesungen hatte, mein Interesse an dem „gestirnten Himmel“, den der große Philosoph Immanuel Kant als das größte Wunder schlechthin bezeichnete, geweckt. Auf alle Fälle hatte ich so nebenbei erfahren, dass diese kleinen, glitzernden Punkte am Himmel riesengroß, ja größer als unsere Erde sind. Und das hatte ein großes Staunen bei mir ausgelöst, ein Staunen, das ja bekanntlich der Beginn allen Fragens und Nachdenkens ist. Jetzt genügten mir selbstverständlich die schönen Lieder über den Mond, der seine Schäflein hütet, nicht mehr.

Könnte es sein, dass es auf dem Mond auch Pflanzen, Tiere oder sogar Menschen gibt? Ob wir da wohl einmal nachschauen können werden? In den letzten Kriegstagen war immer die Rede von Raketen gewesen, die als Waffen Zerstörung brachten. Ich fantasierte von einer Rakete, mit der ich eines Tages auf dem Mond oder dem Mars landen könnte, denn der Mars wurde mir damals immer von einem guten Bekannten unserer Familie als besonders interessanter Stern genannt.

Dieser Mann meinte einmal auf meine vielen Fragen, die ich ihm bei jeder Gelegenheit stellte – ich weiß es noch ganz genau –: „Vielleicht wirst du einmal ein Astronom.“ Diese Worte habe ich mir für alle

Zeiten gemerkt. Und als mir später von den Erwachsenen die immer wieder gleiche Frage gestellt wurde: „Was willst du denn einmal werden?“, nannte ich nicht mehr meinen vorherigen Berufswunsch „Friseur“, sondern jetzt den des Astronomen.
Ich erinnere mich auch ganz genau, dass ich dann im Gymnasium in den ersten Stunden bei irgendeiner Gelegenheit meine Geografie- und Religionslehrer mit erstaunlichen Kenntnissen, vor allem aber mit Fragen über die Sternenwelt überraschte. Aber im schulischen Alltag begannen ganz andere Probleme für mich wichtiger zu werden, als ich feststellen musste, dass ich weder ein begnadeter Mathematiker noch Physiker war, was ja eigentlich die Voraussetzung für den Berufswunsch Astronom gewesen wäre.
Was aber für all meine Schulfächer galt, war meine Neugier und die Fragen nach dem Woher, Wohin und Warum. Diese Fragerei stieß natürlich nicht bei allen Lehrern auf Gegenliebe und manche vermuteten sogar, dass ich sie damit nur vom Stoff abbringen wolle. Eine Ausnahme bildete mein Religionslehrer Schneller, der schon früh meine Freude an der Philosophie weckte und so wohl dazu beitrug, dass ich mich nach dem Abitur neben der Pädagogik dieser „Lehre der Weisheit“ zuwendete. Ich hatte noch das große Glück, dem großartigen Philosophen Max Müller zu begegnen, den ich nach wie vor als den gescheitesten Menschen betrachte, den ich je kennenlernen durfte. Ich habe dann versucht, seine großartigen Gedanken, die für manche doch recht schwierig waren, in verständliche Bilder und Geschichten zu übersetzen. Stolz erinnere ich mich, dass er mich so bedeutenden Leuten wie Hans Maier und Gabriel Marcel in etwa so vorstellte: „Das ist mein lieber Schüler Helmut Zöpfl. Auch wenn er vielleicht nicht der größte Philosoph werden wird, ist er derjenige, der am besten allen meine Gedanken verständlich machen kann.“
Max Müller hat nicht nur in meiner Pädagogik eine zentrale Rolle gespielt. Er ist auch bei vielen meiner literarischen Werke in Gedichten oder Kindergeschichten der Spiritus Rector. Warum ich das schreibe? Mein Interesse an der Astronomie ist in meiner wissenschaftlichen Laufbahn immer lebendig geblieben, und die Werke über die neuesten Erkenntnisse der Astrophysik gehörten stets zu meinem Urlaubsgepäck. Besonders faszinierten mich die Schriften von Paul Davies, aber auch die von Stephen Hawking. Daher begann ich, mir

in späten Jahren noch meinen Kindheitswunsch zu erfüllen: Mit Anfang 60 studierte ich Naturwissenschaften in Salzburg, ein Studium, das ich mit einer Doktorarbeit über Grundfragen der Physik und Biologie im Hinblick auf schulische Vermittlung abschloss. Dabei lag es natürlich nahe, wieder zu versuchen, komplizierte Sachverhalte teilweise sogar für Kinder verständlich darzustellen, ohne dass das zu einer Verkindlichung oder Simplifizierung geführt hätte.
Ich habe inzwischen feststellen müssen, dass bei vielen Menschen gerade auch im religiösen Bereich eine große Unwissenheit über den wirklichen Stand der Naturwissenschaften vorliegt. Daran hat eine fast dogmenhaft verkündete Aussage eine gewisse Schuld, wenn es heißt, dass es zwei voneinander völlig unabhängige Wege zu Gott gebe: den Weg des Denkens und den des Glaubens. Daraus entsteht ein Vorurteil. Auf der einen Seite stehen die Denker – diese sind in erster Linie Naturwissenschaftler – und auf der anderen die eher Naiven, die im wahrsten Sinne des Wortes Gut-Gläubigen, die allenfalls noch wissen, dass z. B. das Alte Testament mit Bildern agiert und die Evolution nicht eine stete Neuschöpfung darstellt.
Dieses Buch bildet nun den Versuch, diese beiden Denkwege, die gerade im ursprünglichen Denken, etwa bei Platon und Aristoteles, vereint waren, wieder in einer Korrelation zu verstehen. Und dies gibt der Frage eine zentrale Bedeutung. Auch die Naturwissenschaft gelangt, wenn sie eine ehrliche Wissenschaft sein will, an einen Punkt, wo es keine rein naturwissenschaftlichen Antworten mehr gibt. So könnte eine Art Motto des Buches lauten: Die Antwort ist die Frage. Wenn wir einen sauberen wissenschaftlichen Denkweg beschreiten, kommen wir an den Punkt des Staunens. Wer begreifen will, landet immer auch beim Unbegreiflichen. Nicht die endgültige Antwort ist es, sondern das Fragen und immer neue Staunen, das das Leben lebendig macht. Schon Anselm von Canterbury stellte fest, dass der Glaube zum Denken und das Denken zum Glauben führt. Dieser Gedanke zieht sich wie ein roter Faden durch das Buch.
Spekulativ gedacht: Das Wort Logos, das nach Johannes bekanntlich am Anfang steht, bedeutet nicht nur Wort und Antwort, sondern auch Frage. Vielleicht ist die Schöpfung sogar aus dieser Frage hervorgegangen.

Warum Wunder Wunder bleiben müssen

Als Schüler lernte ich auf dem humanistischen Gymnasium die sieben Weltwunder der Antike auswendig. Heute brauche ich vielleicht eine kleine Gedächtnisstütze, damit ich sie alle zusammenbekomme, aber dann sind sie wieder da: die Pyramiden von Gizeh, der Koloss von Rhodos, die Gärten der Semiramis, die Zeus-Statue in Olympia, der Tempel der Artemis in Ephesus, das Mausoleum zu Halikarnassos und der Leuchtturm auf der Insel Pharos bei Alexandria.

Aus heutiger Sicht möchte man vielleicht sagen, dass der Blickwinkel bei der Auswahl in der damaligen Zeit recht eingeschränkt war: auf den östlichen Teil des Mittelmeers, die einst von der antiken griechischen Kultur geprägte Welt. Wir legen inzwischen Wert auf einen globalen Blickwinkel, und so gibt es auch einen neuen Katalog der Weltwunder. Allerdings sind es in guter alter Tradition wieder sieben: die Statue des Cristo Redentor in Rio de Janeiro, die Maya-Ruinen Chichén Itzá in Mexiko, das Kolosseum in Rom, die Inka-Ruinenstadt Machu Picchu in Peru, die Felsenstadt Petra in Jordanien, die chinesische Mauer sowie der imposante Tadsch Mahal in Indien.

Doch sosehr ich etwa das Kolosseum oder den Tadsch Mahal großartig finde – an diesem Punkt stelle ich mir die Frage, ob dieser weite, globale Blickwinkel nicht ebenso eingeschränkt ist wie der auf die griechische Welt.

Es hat mich immer fasziniert, gedanklich in die Tiefen des Universums oder in die Geheimnisse der Entstehung des Lebens einzudringen. Vor diesem Hintergrund erscheint die globale Sicht plötzlich mehr als provinziell. Was ist unser Erdball, ein Staubkörnchen in einer Ecke des Universums, gegen die unendliche Weite des Weltalls, in der die Entfernungen nach Tausenden, ja nach Millionen Lichtjahren berechnet werden – für uns Menschen unvorstellbare Zahlen? Was sind ein paar Jahrtausende Geschichte der zivilisierten Menschheit gegenüber den bereits mehreren Milliarden Jahren, seit die ersten Einzeller diese Erde bewohnten?

In diesem Buch versuche ich den Blick auf eine wahrhaft „universale“, am Universum ausgerichtete Perspektive zu weiten. Ich will mit Ihnen, liebe Leserin, lieber Leser, Wunder entdecken, die nicht von Menschenhand stammen und die tausendmal großartiger sind als alles, was unsere Vorfahren oder wir je geschaffen haben oder was unsere Nachkommen in Hunderten oder Tausenden von Jahren jemals schaffen werden. Wieder sollen es sieben Wunder sein, denen gegenüber man unsere „menschlichen“ Weltwunder allenfalls als ein Gleichnis ansehen kann für das, was für uns Menschen vielleicht unfassbar ist – aber deswegen noch lange nicht unglaublich.
Das erste und größte Wunder ist diese Welt selbst, dass sie existiert, dieser ganze, unendlich komplexe Kosmos, den unser menschlicher Verstand erst allmählich und bisher immer noch in äußerst bescheidenem Maß zu begreifen vermag. – Doch warum existiert diese Welt? Ist sie aus Zufall entstanden oder ist sie geschaffen? Warum existiert überhaupt etwas außer dem puren Nichts?
Sie sehen, das Staunen über *das* Wunder oder über *die* Wunder dieser Welt führt sofort zu Fragen. Zu Fragen, die schon seit Jahrtausenden die Menschen beschäftigen und aus denen schon vor 2500 Jahren bei den alten Griechen die Philosophie und die Naturwissenschaft hervorgegangen sind. Am Anfang waren beide noch ein und dasselbe, erst im Laufe der Geistesgeschichte haben sie sich getrennt.
So wird dieses Buch nicht ohne Philosophie und auch nicht ohne Naturwissenschaft auskommen. Aber es wird kein trockenes theoretisches Buch sein. Schon der griechische Philosoph Platon (427–348 v. Chr.), einer der ganz Großen der Antike, wusste, dass man hochphilosophische Gedankengänge auch unterhaltsam und charmant darstellen kann, und zeigt sich in seinen Dialogen als ein Meister darin. So werde ich ihm ein wenig nachzueifern versuchen und meine Überlegungen immer wieder mit unterhaltsamen Texten auflockern, die zum Nachdenken und Weiterdenken anregen.

Und ob wir uns im Folgenden mit den Naturgesetzen befassen, mit Vielfalt und Komplexität, mit der „Feinabstimmung“ der kosmischen Konstanten, mit dem Leben, dem Ich-Bewusstsein oder schließlich mit Schönheit und Liebe: Immer wird es auch um die Frage nach dem Woher und dem Warum gehen.
In der christlichen Literatur wird immer wieder der schöne Spruch zitiert, den der Maler Hans Thoma (1839–1924) nach einem mittelalterlichen Vorbild gedichtet hat:

„Ich komm', weiß nit woher,
ich bin und weiß nit wer,
ich leb', weiß nit wie lang,
ich sterb' und weiß nit wann,
ich fahr', weiß nit wohin.
Mich wundert's, dass ich fröhlich bin.“

Hier erscheint der Mensch einerseits als der große Frager, ganz in dem Sinne wie oben gesagt. Aber vor allem wird gleichzeitig ein wichtiger Aspekt dieses menschlichen Fragens deutlich: dass es gerade dann, wenn es um existenzielle Themen geht, keine eindeutigen Antworten gibt. Immer wieder muss sich der Mensch ehrlicherweise eingestehen, wie wenig er weiß.
Das hat schon der griechische Philosoph Sokrates im 5. Jahrhundert vor Christus klassisch zum Ausdruck gebracht in seinem Satz: „Ich weiß, dass ich nichts weiß.“ Im gleichen Sinne sprach der Philosoph und Theologe Nikolaus von Kues fast zwei Jahrtausende später von der *docta ignorantia,* der „gelehrten Unwissenheit“. Diese gelehrte Unwissenheit ist nicht einfach Dummheit oder Ignoranz. Vielmehr geht der Gelehrte nach Nikolaus von Kues durch einen Prozess des Lernens, dessen Ergebnis es ist, dieses viele Wissen an einem Punkt hinter sich zu lassen und sich stattdessen der Schau Gottes zu überlassen. Nikolaus folgt dem Bibelwort, man müsse werden wie die Kinder, um in das Himmelreich einzugehen (Matthäus 18,3). Er geht also den Weg des Staunens, wie er in diesem Buch ebenfalls beschritten werden soll.

Nikolaus von Kues

Der Universalgelehrte Nikolaus von Kues (1401–1464) war Philosoph, Kardinal, Theologe, Mathematiker und Mystiker. Er stellte sich Gott als Kreis vor, der seinen Mittelpunkt überall und seine Kreislinie nirgendwo hat. Sein Konzept von der Einheit der Gegensätze ist dem berühmten Yin und Yang vergleichbar.

In der Neuzeit veränderte sich das geistige Klima. Die Stunde der Naturwissenschaften schlug. Bahnbrechende Entdeckungen auf einer Reihe von Gebieten schienen den Glauben zu rechtfertigen, dass es dem menschlichen Verstand eines Tages möglich sein werde, die Welt vollständig und schlüssig zu erklären. Isaac Newton (1643–1726) hatte mit seiner Mechanik offenbar eine Lösung gefunden, wie sich die Bewegung der Planeten ebenso perfekt beschreiben ließ wie die Bewegung eines beliebigen Körpers auf Erden. Der gesamte Kosmos schien festen Gesetzen zu folgen, die es nur zu erkennen und zu formulieren galt.

Dieses Weltbild rief schon früh auch Widerspruch hervor. Johann Wolfgang von Goethe hat es kritisiert. Der englische Dichter und Maler William Blake schuf ein Bild, das einen an Zirkel und Kompass gebundenen, gebückten Riesen darstellt, der auf die Erde starrt und darüber offenbar Gott vergessen hat. Das Gemälde heißt schlicht „Newton“.

Doch erst mit der Wende zum 20. Jahrhundert kam der große Umschwung. Das fest gefügte Weltbild der klassischen Physik geriet ins Wanken.

Der erste große Meilenstein war die Relativitätstheorie von Albert Einstein (1879–1955). Plötzlich verloren Begriffe wie Zeit, Raum oder Masse ihren scheinbar klaren früheren Sinn.

Dazu kamen revolutionäre Entdeckungen auf dem Gebiet der Quantenphysik durch Max Planck (1858–1947), Werner Heisenberg und andere. Vereinfacht gesagt, stellte sich heraus, dass das Verhalten von Elementarteilchen nicht dem Grundsatz von Ursache und Wirkung unterliegt und sich sogar je nach der angewandten Methode der Beobachtung ändert. Das Newtonsche Weltbild lag endgültig in Trümmern. Goethe und Blake hatten recht behalten. Damit hatte selbst Einstein Schwierigkeiten. Bereits 1926 äußerte er: „Die Quantenmechanik ist sehr achtunggebietend. Aber eine innere Stimme sagt mir, dass das noch nicht der wahre Jakob ist. Die Theorie liefert viel, aber dem Geheimnis des Alten bringt sie uns kaum näher. Jedenfalls bin ich überzeugt, dass der nicht würfelt."

Werner Heisenberg
Dem Nobelpreisträger Werner Heisenberg (1901–1976) verdanken wir die Konzepte „Unschärfe" und „Welle/Teilchen-Dualismus". Unschärfe bedeutet beispielsweise: Man kann auf der Quantenebene nicht sagen, wie schnell sich ein Teilchen bewegt, wenn man weiß, wo es ist – und umgekehrt. Der Welle-Teilchen-Dualismus besagt, dass etwa Licht als Teilchen und als Wellenstruktur vorkommt. Dies hängt wiederum am Versuchsaufbau. Die Natur funktioniert demnach nicht unabhängig von der Beobachtung – „reine" Objektivität gibt es nicht mehr.

Diese Aussage ist in der vereinfachten Fassung „Gott würfelt nicht" ein geflügeltes Wort geworden.
Die Erkenntnisse der Quantenphysik, an deren Erklärung sich die Wissenschaft bis heute die Zähne ausbeißt, hätten eigentlich dem Fortschrittsoptimismus der modernen Naturwissenschaft einen entscheidenden Dämpfer versetzen müssen. Doch das war nicht der Fall. Ein Teil der Naturwissenschaftler beharrt nach wie vor auf einer Weltanschauung, nach der es dem menschlichen Geist eines Tages möglich sein wird, die Geheimnisse unseres Kosmos, des Woher und Wohin von allem, vollständig zu entschlüsseln, sie auf eine „natürliche" Weise zu erklären.

Das beste Beispiel hierfür ist die Vorstellung vom „Urknall". Man sucht nach einer ersten Ursache, die man vielleicht nie finden kann. Nach der Quantenmechanik kann das Sein einfach aus dem Nichts in die Existenz springen. Wie das funktioniert, wird wahrscheinlich das Geheimnis Gottes bleiben.
Ein großer Teil der Menschen, die naturwissenschaftlich wenig reflektiert sind, folgt dem Gedanken, prinzipiell alles wäre erklärbar. Sie geben sich keine Rechenschaft darüber, dass man hier vor einer Grenze der logischen Erkenntnis steht. Jenseits dieser Grenze gibt es kein festes Wissen, hier ist man auf den Glauben zurückgeworfen.
Hinter dem Weltbild dieser Menschen, das manchmal als das einzig „wissenschaftliche" hingestellt wird, steht in Wirklichkeit wieder eine Philosophie, die zu einer Ideologie verkommen ist. Es ist die Geisteshaltung der Aufklärung.
Versuchen wir wieder stark zu vereinfachen. Die Aufklärung will durch die natürliche Erklärung all dessen, was in unserer Welt existiert, eine Art Lebenshilfe geben. Wo alles auf diese Weise geklärt ist, wo Überirdisches ad absurdum geführt wird, wo es keine Geheimnisse und keine Wunder mehr gibt, haben Angst und Furcht keinen Platz mehr. Plakativ ausgedrückt: Die Naturwissenschaft garantiert ein angstfreies Leben.
Naturwissenschaftler, die dieser Denkrichtung anhängen, arbeiten gern mit der Methode des Reduktionismus. Wissenschaft muss demnach versuchen, alles auf seine Grundbestandteile zurückzuführen (*reducere* ist ja der lateinische Ausdruck für „zurückführen"). Das gilt für die „Reduktion" der Materie auf die kleinsten Teilchen ebenso wie für die Naturgesetze, bei denen nach der „Weltformel" gesucht wird. An deren Auffindung hat sich beispielsweise der geniale, mittlerweile verstorbene Astrophysiker Stephen Hawking (1942–2018) jahrelang abgearbeitet.
Erklärung wäre in diesem Zusammenhang mehr oder weniger letzte Erfüllung. Sie muss lückenlos sein und kann somit auch keinen Raum mehr für neue Fragen lassen.
Heute gibt es eine Reihe von Begriffen, die für eine solche endgültige Erklärung zu stehen scheinen: Urknall, Evolution, natürliche Auslese. Doch kann so ein Begriff wirklich eine endgültige Erklärung sein? Wird hier nicht vielmehr versucht, eine Lösung nur vorzutäuschen?

Doch wo das der Fall ist, wo die Fragezeichen verschwinden und etwas einfach abgehakt wird, verliert die Wissenschaft ihren Kern: den Wissensdurst. Sie verliert auch ihr Korrektiv, den kartesischen Zweifel. René Descartes, der Vater des kartesischen Zweifels, sagte ja nicht nur: „Ich denke, also bin ich", sondern vor dieser Wendung noch: „Ich zweifle, also denke ich."
Kein Zweifel: Der Kern der Wissenschaft ist die Suche nach Erklärung. Aber wo man die Menschen mit einer Pseudo-Erklärung, einem Erklärungs-Placebo einfach abspeist, zerstört man die Wissenschaft. Denn das bedeutet, ihre Triebfedern zu beseitigen: die Frage und die Neugier. Womit Sokrates und Nikolaus von Kues wieder ins Blickfeld rücken: Nur wer weiß, dass er nichts weiß, dass er jedenfalls nichts endgültig weiß, der stellt immer neue Fragen – und hat damit die Chance, irgendwann eine neue richtige Antwort zu erhalten. Eine Antwort, die wohl kaum eine „endgültige Lösung" sein wird, die aber wiederum einen Erkenntnisfortschritt bringt und es möglich macht, abermals neue richtige Fragen zu stellen.
Gott sei Dank formieren sich aufseiten der Physik, vor allem der Astrophysik und der Mathematik, Forscher, die Wissenschaft als etwas höchst Lebendiges betrachten und sich auch nicht scheuen, den modernen Aufklärern und Vereinfachern eine Wissenschaft voller Fragen entgegenzustellen. Selbst auf dem Sektor der Psychotherapie und Gehirnforschung, wo der Reduktionismus besonders beheimatet ist, regt sich Widerstand gegen die derzeitige Tendenz dieser Fachrichtung. In der Gehirnforschung dreht sich die Debatte um den freien Willen des Menschen. Für den, der streng materialistisch denkt, kann es ihn gar nicht geben. Wenn man aber von der Quantenrealität ausgeht, bleibt zwischen den „Sprüngen" der Quanten Raum für ein nicht voraussagbares und nicht vorherbestimmtes Handeln des Menschen. Hier kommt auch das sogenannte Messproblem ins Spiel: Wenn die Natur, wie schon angedeutet, durch den Versuchsaufbau beeinflusst wird, so ergibt sich logisch daraus, dass es an bewussten Entscheidungen liegt, was man beobachtet. Hier hat das Bewusstsein eine Chance, in die materielle Wirklichkeit einzugreifen. Eigentlich ist das die grundsätzliche Frage: Wie schafft es der Mensch, absichtsvoll zu handeln?
Insgesamt muss man aber feststellen: Der vielleicht größte Nachholbedarf, was die Neubelebung der Neugier und des Forschens anbe-

trifft, besteht gerade in jener Wissenschaft, die das Leben, das Lebendige im Namen trägt: der Biologie. Es ist wohl kein Zufall, dass ausgerechnet ein Richard Dawkins, der populärwissenschaftliche Star der „Entmystifizierung" und des Atheismus, aus diesem Bereich kommt. Dawkins geht mit einem quasi religiösen Eifer gegen jede Möglichkeit eines Eingreifens Gottes in die Natur vor. Was er dabei übersieht, sind ebendiese Lücken des Seins, die sich seit Max Planck im Weltbild des Physikers ergeben haben.

Richard Dawkins

Der britische Biologe Richard Dawkins (*1941) hat sich einen Namen dadurch gemacht, dass er den biologischen Evolutionsbegriff auf die menschliche Kultur übertrug: Auch Gedanken, Ideen, Moden („Meme") erfahren in der menschlichen Gemeinschaft Mutation und Selektion. Bekannt geworden ist er durch zahlreiche populärwissenschaftliche Veröffentlichungen, aber auch als Vertreter eines nach seinen eigenen Worten „ziemlich militanten" Atheismus.

Schließen wir den Kreis. Dieses Buch will den Leser dazu anregen, zu staunen und zu bewundern. Es will ihn ermutigen, aus diesem Staunen heraus Fragen zu stellen. Auch und gerade Fragen nach den ersten und letzten Dingen. Danach, wie alles entstanden ist, woher wir kommen und wohin wir gehen. Und es wird dabei vermeiden, billige Pseudo-Lösungen anzubieten.

Vielleicht gelingt es uns, bei diesem Fragen auch Gott auf die Spur zu kommen. Ganz bestimmt nicht im Sinne einer einfachen Lösung oder gar eines unanfechtbaren Gottesbeweises – den es möglicherweise nie geben wird. Aber in dem Sinne, dass hinter unseren sieben Wundern am Ende die Ahnung eines noch größeren Wunders auftaucht – einer Intelligenz, die all das geschaffen hat, was wir bestaunen und bewundern.

1. WELTWUNDER:

Dass es etwas gibt und nicht vielmehr nichts

Das erste unserer irdischen Weltwunder: Eine riesengroße Christus-Statue breitet ihre Arme über der brasilianischen Großstadt Rio de Janeiro aus. Vielleicht denkt der Betrachter bei diesem Anblick an Gott, der über seiner Schöpfung wacht, der sie durch sein Wort überhaupt erst ins Dasein gerufen hat.

Damit korrespondiert unser erstes universelles Wunder: dass wir, unsere Welt, unser Universum überhaupt existieren. Wie ist das zu erklären? Ist es einfach ein merkwürdiger Zufall, oder wurde der Kosmos tatsächlich durch einen Schöpfer, durch eine universale Intelligenz absichtsvoll geschaffen?

Der Philosoph und Universalgelehrte Gottfried Wilhelm Leibniz (1646–1716) hat schon vor über 300 Jahren die entscheidende Frage so formuliert: „Warum gibt es überhaupt etwas, und nicht nichts?"

Je länger man darüber nachdenkt, desto weniger kann man es als Selbstverständlichkeit betrachten, dass das Universum überhaupt existiert. Ganz im Gegenteil: Wäre es nach den Gesetzen der Wahrscheinlichkeit nicht viel naheliegender, dass gar nichts existiert? Dass nur das klaffende Nichts regiert?

Die allgemeine Annahme in der modernen Wissenschaft geht davon aus, dass unser gesamtes Universum durch einen „Urknall" entstanden ist. Zahlreiche Beobachtungen insbesondere der Astrophysiker stützen diese Theorie, ja mehr noch, inzwischen hat die Physik bereits recht konkrete Vorstellungen entwickelt, was sich in den ersten Minuten, ja Sekunden nach dem Urknall abgespielt haben muss.

Trotzdem ist und bleibt der Urknall, der die Geburtsstunde unseres gesamten, unvorstellbar großen Kosmos ist, ein Wunder. Denn über die Frage, *warum* er stattgefunden hat, gibt es allenfalls Spekulationen.

„Die wissenschaftliche Erklärung, warum etwas in der Kosmologie stattgefunden hat, darf sich nicht auf beliebige Alltagsargumente stützen. Sie sieht ein Geschehen als Folge von Regeln und Gesetzen. Für eine wissenschaftliche Erklärung der Lebensprozesse reichen aber unsere heutigen Gesetze und Theorien bei Weitem nicht aus. Schon gar nicht die aus der Physik."

Helmut Schwegler, theoretischer Physiker

Andrea und der Anfang

Andrea wusste gar nicht mehr, wie es gekommen war, dass Herr Frost, der Mathelehrer, plötzlich vom Urknall anfing. Mathe war nicht gerade ihr Lieblingsfach, und sie war wohl nicht sehr aufmerksam gewesen.
Mathe war aber auch nicht Herrn Frosts Lieblingsfach. Den Eindruck hatte jedenfalls Andrea schon länger. Vielleicht mochte er Physik lieber. Aber auf ihre erste Physikstunde würde sie noch bis zum übernächsten Schuljahr warten müssen.
Wie auch immer – Herr Frost redete viel lieber über Gott und die Welt, anstatt seinen Lehrplan durchzuziehen. Oder besser gesagt: über die Welt ohne Gott. Denn mit Gott hatte der gute Herr Frost so seine Probleme, wie Andrea festgestellt hatte.
Egal, trotzdem – oder gerade deswegen – konnten seine Schulstunden richtig interessant sein. So wie heute auch.
„Am Anfang war alles, aus dem heute das Universum besteht, auf einen Punkt konzentriert. Ein unvorstellbar kleines Ding, das unvorstellbar schwer und unvorstellbar heiß war. Es hat sich dann explosionsartig ausgedehnt, und nach und nach sind daraus die Galaxien, die einzelnen Sterne, die Planeten entstanden und einfach alles, was heute vorhanden ist. Das kann man daran ablesen, dass sich das Universum heute noch ausdehnt."
Das war alles schwer vorstellbar, aber wenn man es sich überlegte, leuchtete es irgendwie doch ein.
Doch wenn man noch ein wenig weiterdachte, war alles wieder ziemlich rätselhaft.
Andrea meldete sich. „Herr Frost, aber wo kam das winzig kleine Ding her, aus dem unser ganzes Weltall entstanden ist?"
„Das kleine Ding war der Anfang. Es ist am Anfang entstanden und hat sich ausgedehnt."
„Ich meine, was war, bevor es sich ausgedehnt hat?"
„Es hat kein Vorher gegeben. Ich sage doch, das Ding war der Anfang. Auch die Zeit existiert erst seit dem Urknall."
Das war ja möglich, dachte Andrea. Nur musste das verflixte Ding irgendwo herkommen, da bestand sie drauf. „Aber wenn Sie sagen,

dass das Ding entstanden ist, dann muss es doch aus irgendetwas entstanden sein."
„Das kann man so nicht sagen. Das Ding ist – wenn man so will – einfach aus dem Nichts heraus da gewesen."
„Aber wenn das Nichts wirklich nichts ist, einfach gar nichts, dann kann doch aus dem Nichts heraus nicht plötzlich etwas da sein."
„Das ist ja das Interessante. Offensichtlich hat sich das Universum aus dem Nichts erzeugt."
Frost sagte das, ohne zu zögern und im Brustton der Überzeugung. Andrea wunderte sich, wie ein Mathematiklehrer plötzlich alle Gesetze der Logik so außer Acht lassen konnte. Etwas, das gar nicht möglich war, wurde plötzlich zu etwas „Interessantem".
„Aber wie kann sich etwas, das noch gar nicht vorhanden ist, selbst erzeugen? Als sich Münchhausen an seinem eigenen Schopf aus dem Sumpf zog, gab es ihn wenigstens schon, so viel ist klar."
Andrea hörte hinter sich verhaltenes Kichern. Das ermutigte sie. Ihren Freundinnen gefiel es, wie sie dem Mathematiklehrer Paroli bot. Dem Mathematiklehrer, der sie gerade mal eines „Befriedigend" im Zeugnis würdig fand.
Jetzt kam Herr Frost tatsächlich ein wenig ins Schwimmen! Aber er fing sich und brachte schließlich hervor: „Ja ... man vermutet, dass es sich um irgendeine quantenmechanische Schwankung oder so etwas gehandelt hat. Das bleibt natürlich alles im Hypothetischen."
„Aber wenn etwas geschwankt hat, dann muss ja vor dem Urknall auch schon etwas da gewesen sein", schloss Andrea messerscharf.
„Das weiß man nicht."
Ja? Hatte er es wirklich gesagt? „Das weiß man nicht"? Andrea hatte gewonnen. Sie hatte Herrn Frost in die Knie gezwungen!
Ob es allerdings im nächsten Zeugnis deswegen zu mehr als einem „Befriedigend" reichen würde, blieb abzuwarten.

Nichts und Ewigkeit

Die Vorstellung von einem Urknall wurde von Georges Lemaître ins Spiel gebracht – wobei der Begriff als solcher erst Jahre später entstand. Geprägt wurde er ausgerechnet von einem Gegner Lemaîtres, dem britischen Astronomen Fred Hoyle (1915–2001), der im Jahr 1949 in einer Radiosendung abschätzig vom *big bang* sprach – ein Begriff, der sich dann durchsetzte.

Georges Lemaître
Der Belgier Georges Lemaître (1894–1966) war Theologe, Astrophysiker und katholischer Priester. Er gehörte zu den ersten Forschern, die sich über die Ausdehnung des Universums Gedanken machten, und veröffentlichte 1931 einen Aufsatz, in dem er als Erster die heute gängige Theorie von einem Urknall vertrat.

Nach Lemaîtres Erkenntnissen ist das Universum aus einem ersten winzigen Punkt entstanden, den man heute als Singularität bezeichnet. In dem „Urpunkt" war nach einer weitverbreiteten Überzeugung vor etwa 14 Milliarden Jahren die gesamte Energie unseres Kosmos konzentriert. Alles, was existiert, ist durch eine Art Explosion entstanden, deren Ursache aber im Dunkeln liegt.
Diese „Explosion" war es auch, die Raum und Zeit erst hervorgebracht hat. Auf die Frage, was „vor" dem Urknall war, gibt es damit keine sinnvolle Antwort, da es kein zeitliches Vorher gegeben haben kann. Der Christ muss hier an eine Aussage des heiligen Augustinus denken, der in seinem Werk *De civitate dei* („Der Gottesstaat") darauf bestand, dass die Zeit keine ewige Gültigkeit besitze, sondern zusammen mit der Welt geschaffen worden sei.[1] Zu Recht macht der Kirchenlehrer sich in diesem Zusammenhang über die Vorstellung lustig, Gott habe zuerst unendlich lang gewartet und dann zu einem ihm günstig erscheinenden Zeitpunkt das Universum erschaffen.

Augustinus
Augustinus von Hippo (354–430) war Bischof im damals zum römischen Reich gehörigen Nordafrika und zählt zu den vier lateinischen Kirchenvätern. Mit seinen zahlreichen Schriften nahm er maßgeblichen Einfluss auf die Entwicklung der frühen Kirche.

Instinktiv sträuben wir uns gegen die Vorstellung, dass die Zeit nicht immer schon gültig gewesen sei, sondern selbst am Anfang des Universums entstanden ist. Wir sind nun einmal zeitliche Wesen, die nicht anders denken können als in Zeitkategorien. Wenn wir trotzdem versuchen, über den Rand der Zeit hinauszuschauen, tauchen bei der Frage nach dem mysteriösen Vorher oder Warum schnell zwei Begriffe auf, die allerdings in keiner Weise naturwissenschaftlich geklärt sind: das „Nichts" und die „Ewigkeit".
Das Nichts gewinnt plötzlich schöpferische Bedeutung, indem man in der Quantenphysik aus dem Nichts entstehende Teilchen zu bemerken scheint. Nur eines scheint sicher: All das, was die Newtonsche Physik als berechenbar, messbar betrachtete, entzieht sich plötzlich unseren verstandesmäßigen Möglichkeiten. Ja sogar die Begriffe der Mathematik, mit denen man alles berechnen zu können meinte, werden als selbst nicht ganz und gar begreifbar erkannt.
Als Gleichnis für das Nichts soll uns hier der Punkt dienen. Er hat überhaupt keine Größe oder Ausdehnung. Eigentlich ist er nur in Gedanken real. Er ist der Schnittpunkt zweier Geraden. Aber der Treffpunkt der beiden ist weder lang noch breit.
Das Gleiche gilt für den Zeitpunkt. In ihm begegnen sich Vergangenheit und Zukunft. Er ist in dem Augenblick, in dem er wahrgenommen wird, schon wieder vorbei. Die alten Griechen nannten ihn *kairós* und stellten ihn als Gott mit langen Locken vorn, aber kahl geschorenem Hinterkopf dar: Wenn man ihn und das, was er bot, nicht rechtzeitig von vorn „am Schopf packte", war er vorbei.
Für unser Dasein kann man eine paradoxe Rechnung aufmachen: Alle Augenblicke eines Lebens aneinandergereiht ergeben eigentlich

null, denn auch wenn man noch so viele Nullen addiert, die Summe bleibt immer null.

In diesem Zusammenhang stellt sich die wichtige Frage, ob es nur das gibt, was man messen kann. Könnte der Punkt also paradoxerweise etwa „unermesslich“ sein und sich damit genauso wie das Unendliche nicht in Zahlen bringen lassen? Denn sicher ist er mehr und nicht weniger als nichts. Ohne ihn gäbe es keinen Anfang und kein Ende.

Ähnlich geheimnisvoll ist auch der physikalische Ausgangspunkt, mit dem alles begann, der sogenannte Urknall. Die Astrophysik ist ihm zwar inzwischen bis auf Milliardstelsekunden nahegekommen, er selbst aber entzieht sich wohl für alle Zeit einem Zugriff, ist gleichsam das Nichts und gäbe so der These einer creatio ex nihilo, einer „Schöpfung aus dem Nichts“, recht.

Die erfahrbare Zeit kann nicht weiter als bis zur unermesslich kleinen Planck-Zeit zurückverfolgt werden – der kleinsten physikalisch sinnvollen Zeiteinheit. Null und Unendlichkeit lassen sich weder begreifen noch so wie das, was sonst ist und wurde, in reale Zahlen bringen.

Trifft nun die Überlegung zu, dass Leben mehr oder weniger als null oder als etwas Unendliches zu deuten ist? Immer wieder ist ja gerade in der Dichtung der Gedanke aufgetaucht, dass im Augenblick die Ewigkeit aufleuchtet, was sich auch in der sogenannten Mystik, in mystischen Erfahrungen zeigt. Den Wunsch, die Zeit festhalten zu wollen, hat der Philosoph Friedrich Nietzsche (1844–1900) mit dem Satz: „Und alle Lust will Ewigkeit, will tiefe, tiefe Ewigkeit“ zum Ausdruck gebracht.

Ewigkeit blitzt also in einer nicht mehr mathematisch-physikalisch messbaren Form irgendwie im Nichts auf. In einer gewissen Weise ist auch das Nichts unendlich, ein Ewiges, Unbegrenztes, das sogar vor dem Sein und Werden stand und auf dieses folgt. Insofern würde das Sein von dem unendlichen Nichts vor und nach ihm umrahmt. Oder ist es eher eine Randerscheinung des Seins? Blitzt das Nichts ins Sein hinein, oder ist es der Blitz des Seins ins Nichts, der es erhellt, erleuchtet hat?

In diesem Zusammenhang spielt meines Erachtens das so einfache Wort des „Erscheinens“ eine bedeutende Rolle, das nicht zuletzt

durch die Quantenphysik Bedeutung gewonnen hat. Dieser Begriff ist in einer geradezu verblüffenden Weise in dem griechischen Wort *physis* enthalten, das viel zu ungenügend mit dem lateinischen *natura* und dem deutschen Wort „Natur" übersetzt wird.
Das Wesen der Physis beschäftigt mich bereits seit Anbeginn meiner wissenschaftlichen Tätigkeit. Ich betrachte *physis* als etwas ganz und gar Dynamisches, das Wort bedeutet Sein und Werden gleichzeitig. Sowohl *physis* als auch das Verbum *phyein* lassen sich wohl am besten übersetzen mit: „Etwas bringt sich in Erscheinung". Das Wort ist verwandt mit *phos*, was auf Griechisch „Licht" bedeutet: In dem, was wir sehen, scheint uns das Eigentliche, das Wesentliche auf.

Platon
Der Athener Philosoph (427–348 v. Chr.) war eine der einflussreichsten Persönlichkeiten der Geistesgeschichte und gilt als Begründer des sogenannten Idealismus, also der Vorstellung, dass unsere gesamte Wirklichkeit auf „Ideen" beruht, die jenseits von Raum und Zeit existieren.

Platonisch gedacht – bei Platon steht teilweise auch der Begriff *physis* für die Idee –: Die Idee zeigt sich im Erscheinungsbild. Wir erfahren, sehen, hören unsere Welt durch unsere Sinne immer in Form von Bildern. Wir wissen ja, dass beispielsweise ein Tisch eigentlich ein weitgehend leerer Raum mit diversen Atomen ist. Dieses physikalische Gebilde erscheint uns als Tisch. Wir nehmen das Wasser nicht etwa als H_2O wahr – Wasser als Element offenbart sich uns in verschiedensten Formen, als Regentropfen, Wolke, Quelle, Meer, Quelle allen Lebens, es zeigt sich uns in jedem Schluck, der uns erquickt. Das Wahre, egal wie wir es bezeichnen – als Idee, als Wert oder wie auch immer –, scheint in verschiedenster Form in verschiedensten Worten, Taten, Ereignissen auf, wird also wahrscheinlich.

Man könnte spekulative Fragen in die Richtung stellen, wieweit sich die Schöpfung im Hinblick auf Wahrnehmung, Erfassung des Wahren, aber besonders auch des Schönen auf den Menschen zubewegt hat. War der Mensch nicht geradezu notwendig, damit sich die Welt zeigen, offenbaren, damit man in ihr Sinn erfahren, sie als etwas Sinnvolles erleben kann? Dieser Gedanke liegt dem sogenannten Anthropischen Prinzip zugrunde, nach dem die Schöpfung von Anfang an in ihrem ganzen Werden auf den Menschen hin ausgerichtet war. Eine solche Betrachtungsweise birgt vielleicht die Gefahr in sich, dass sich der Mensch in seiner Bedeutung überschätzt, sich wirklich als die „Krone der Schöpfung" betrachtet, auf die alles zugesteuert ist, als das Nonplusultra, hinter dem nichts mehr kommt.

Anthropisches Prinzip
Es gibt in der Physik die Vorstellung, dass die Entwicklung des Kosmos auf die Entwicklung des Menschen ausgerichtet ist. Das ist die sogenannte „schwache" Ausprägung des anthropischen Prinzips. In der „starken" Ausprägung besagt dieses Prinzip, dass der Mensch von Anfang an Ziel der kosmischen Entwicklung gewesen sei.

Dem gegenüber steht die Auffassung, dass jede Zeit, jede Entwicklungsstufe ihren Sinn in sich hatte.
Wir haben hier eine grundsätzliche Frage vor uns, die sich für das Werden des Universums genauso stellen lässt wie für die Menschheitsgeschichte oder die Biografie des einzelnen Menschen.
Wer sagt, dass das Leben des Menschen nur als Entwicklung anzusehen ist? Ist nicht sogar der Begriff der Entwicklungspsychologie irgendwie falsch? Bedeutet jeder Übertritt in eine neue Lebensphase nicht auch einen Abschied von etwas Unwiederbringlichem? Gibt es im Leben so etwas wie den Höhepunkt, auf den alles zusteuert und von dem an dann alles wieder abfällt? Wann wäre der anzusetzen? Ist die Romanik nur eine Vorform der Gotik, diese der Renaissance, diese

des Barock? Ist nicht jede Zeit in sich sinnig? War die Zeit, in der es noch keine Menschen oder noch gar kein Leben gab, für sich genommen sinnlos? War sie nur Vorzeit, Vorform?
Im biblischen Buch Genesis steht mehrmals der Satz, dass Gott auf seine Schöpfung schaut und feststellt, dass alles gut ist. Gab es dieses „gut" auch vor dem Schöpfungsakt oder, säkular gewendet, dem Urknall? Vielleicht wäre es besser, wir würden am Schluss solcher Überlegungen anstatt eines Punktes ein Fragezeichen setzen.

Hat das Nichts schöpferische Fähigkeiten?

Bei den meisten Vertretern der abendländischen Philosophie und Naturwissenschaft galt lange Zeit ein Grundsatz als nahezu unumstößlich: *Nihil ex nihilo* – „Aus nichts kann nichts entstehen." Es ist erstaunlich, wie dagegen bei manchen Physikern unserer Zeit das Nichts an Bedeutung gewinnt. Stephen Hawking etwa schreibt in seinem Buch *Der große Entwurf*: „Da es ein Gesetz wie das der Gravitation gibt, kann und wird sich das Universum ... aus dem Nichts erzeugen."[2]

Stephen Hawking
Stephen Hawking (1942–2018) hat die Struktur sogenannter *schwarzer Löcher* beschrieben, also von Gebilden, die so schwer sind, dass nicht einmal Licht aus ihnen entweichen kann. Hawking litt unter der Krankheit ALS, die ihn bewegungsunfähig an den Rollstuhl fesselte. Er war so populär, dass er in der Fernsehserie „Star Trek" sich selbst spielte, wie er mit Einstein und Newton diskutiert.

Hier werden dem kaum hinterfragten „Nichts" schöpferische Kräfte und Fähigkeiten zugesprochen, es besitzt demnach eine erstaunliche *Potenz*, die alle bisher angenommenen Ursachen für eine Entstehung der Welt geradezu in den Schatten stellt.

Nach Hawking ist es außerdem wahrscheinlich, dass neben unserem Universum eine Unzahl weiterer Universen mit je eigenen physikalischen Gesetzen ebenfalls aus dem Nichts entstanden ist.[3] Häufig spricht man in diesem Zusammenhang von Paralleluniversen. Manche Forscher behaupten, dass aus einem Universum immer wieder neue Universen entstehen könnten. Mit alldem bleibt aber die Frage nach dem Anfang weiterhin ungelöst – es sei denn, man nimmt den vor allem im östlichen Denken beliebten ewigen Kreislauf als Lösung an, greift also auf den Begriff des Ewigen zurück, der, wie schon angedeutet, als naturwissenschaftlicher Begriff reichlich problematisch ist. Im Prinzip ist ein solches Vorgehen reine Sophisterei – Scheinphilosophie, die auf Täuschung basiert. Man tut so, als gäbe es nur *eine* mögliche Interpretation der quantenphysikalischen Wirklichkeit. Alexander Müller, der an diesem Buch mitgewirkt hat, hat gezeigt, dass es mindestens acht gängige Deutungsmöglichkeiten der Quantenphysik gibt.[4] Es ist dem Geschmack des Physikers überlassen, welchen Deutungsrahmen er wählt. Der Physik-Nobelpreisträger Roger Penrose (*1931) meint, dass es sogar so viele Deutungen der Quantenphysik gebe, wie es Physiker gibt. Jedenfalls kann man sich getrost von dem Gedanken verabschieden, es existiere ein einheitliches physikalisches Weltbild. Deutungen wie die Viele-Welten-Theorie sagen also ebenso viel über den Denker aus, wie sie über die Wirklichkeit der Welt aussagen. Was als Wissenschaft daherkommt, ist nichts weiter als eine mögliche Deutung des Seins.

Auf die Theorie der Paralleluniversen werden wir im Zusammenhang mit der „Feinabstimmung“ unseres Kosmos in Kapitel 4 noch einmal zurückkommen. Was das „schöpferische Nichts“ und Hawkings Vorstellungen vom Anfang unserer Welt angeht, so verweise ich auf die bemerkenswerte Schrift *Stephen Hawking, das Universum und Gott* von John Lennox. Dort werden die Schwächen in Stephen Hawkings Argumentation eindrucksvoll aufgedeckt. Lennox weist unter anderem darauf hin, dass Physiker, wenn sie vom „Nichts“ sprechen, anscheinend oft ein „Quantenvakuum“ meinen, das aber offenkundig keineswegs „Nichts“ ist.

Ebenso stellt er eine Formulierung infrage, die bei Hawking eine zentrale Stellung einnimmt: Das Universum habe sich aus dem Nichts „erzeugt“. Darauf antwortet Lennox: „Hawkings Verwen-

John Lennox

John Lennox (*1943) ist emeritierter Professor für Mathematik an der Universität Oxford. Er hat die letzte Vorlesung des christlichen Schriftstellers C. S. Lewis noch gehört. Er beschäftigt sich intensiv mit der Interpretation der Bibel und verfasst und übersetzt theologische Werke.

dung des Wortes ‚erzeugt' ist problematisch … Wenn wir sagen, ‚X erzeugt Y', dann setzen wir die Existenz von X voraus, damit es Y ins Dasein rufen kann. Wenn wir sagen: ‚X erzeugt X', dann setzen wir die Existenz von X voraus, um die Existenz von X zu erklären. Dies ist offensichtlich ein Selbstwiderspruch – auch dann, wenn wir X mit dem Universum gleichsetzen."[5]

Was also ist „Entstehen" aus dem „Nichts" oder aus dem „Quantenvakuum"? Alexander Müller sieht dies folgendermaßen: Entstehen kann nur etwas, wenn eine Voraussetzung da ist. Ein wirkliches Nichts wäre wirklich nichts. Das heißt, es gäbe weder Gott noch Welt noch einen Urknall. Wenn nichts absolut wäre, so gäbe es jetzt weder einen, der dieses Buch schreibt, noch einen, der es liest.

Das Quantenvakuum ist hingegen nicht nichts, sondern es ist das Potenzial allen Seins, das jenseits der kleinsten Größen liegt, die physikalisch sinnvoll sind (Planck-Länge, Planck-Zeit). Unterhalb dieser Dimensionen versagen die Begriffe von Raum und Zeit. Raum und Zeit haben sich stets selbst zur Voraussetzung. Das Quantenvakuum kann Raum und Zeit in die Existenz springen lassen. Mit Raum und Zeit springt dann alles andere mit in die Existenz. Ab diesem Ereignis ist es erst sinnvoll, von Entwicklung zu sprechen.

Entwickeln kann sich dann nur das, was als Potenzial bereits in dieser Urentstehung angelegt war, also auch der Geist. Der Geist muss infolgedessen von Anfang an in und mit dem „materiellen" Universum und seinen Gesetzen da gewesen sein.

Ein Urknall im konventionellen Verständnis kann die Geburt von Raum und Zeit nicht erklären. Diese Gedanken sind nicht reine Philosophie, da man experimentell beobachten kann, dass sogenannte

„virtuelle Teilchen“ oder „Geisterteilchen“ immer wieder spontan aus dem „Nichts“ entstehen, den Gesetzen der Quantenmechanik gemäß.

Was vom Nichts

Schon oft habe ich mir den Kopf darüber zerbrochen,
wie das wäre, wenn statt dem, dass etwas ist,
nur nichts und gar nichts sonst wäre:

Es gäb keine Pflanze, kein Tier,
es gäb mich nicht und dich,
keine Sonne, keinen Planeten,
auch den unseren gäb’s nicht.

Keine Luft gäb’s zum Schnaufen,
es gäb kein Gestern, kein Heut,
keinen Raum, keine Zeit.
Kein Hier und kein Da,
kein Nein und kein Ja,
keinen Frieden, keinen Krieg,
keinen Hass, keine Liebe,
kein Vor und kein Zurück,
keinen Kummer, kein Glück.

Es gäb nicht mal den Tod,
es gäb nichts, was würde,
es gäb nichts, was verdürbe.
Da wäre es schon arg leer.
Weil am Ende auch das Nichts
nicht einmal wär.

Dem Schöpfer auf der Spur?

Wer sich intensiv mit Naturwissenschaft beschäftigt, wird sich früher oder später einmal die großen W-Fragen stellen: nach dem Wann, nach dem Wie – aber vor allem die hinter allem stehende Frage nach dem Warum.

Gerade in der jüngsten Zeit konnten immer mehr Fragen nach dem Wann und dem Wie gelöst werden. Die Astrophysik etwa hat uns unglaublich genaue Auskünfte über die Entstehung des Kosmos geliefert – bis zurück in die ersten Millionstelsekunden nach dem Urknall beschreibt sie, wie alles ablief, wie die ersten Atomverbindungen zustande kamen, wie zuerst die leichten und später die schwereren Elemente entstanden, wie es zur Bildung der Galaxien, des Sonnensystems kam ... Doch die Warum-Frage bleibt ungelöst und ist Gegenstand heftiger Diskussionen. Mit dieser Frage stößt wohl auch die moderne Naturwissenschaft an eine Grenze, die Grenze zur Philosophie, der Metaphysik.

In diesem Kontext wird geflissentlich übersehen, dass die Heisenbergsche Unschärferelation (siehe Kasten Seite 16) eine prinzipielle Erkenntnisgrenze setzt. Die physikalisch konkret konjugierten Variablen Ort und Impuls können genauso wie die Messgrößen Energie und Zeit prinzipiell nicht gleichzeitig beliebig genau gemessen werden.[6] Überdies gestalten sich Aussagen über die Zeit als besonders schwierig, da sie im Gegensatz zu den drei anderen kein sogenannter „Operator" ist, sondern ein reellwertiger Parameter.

Ein Operator folgt anderen logischen Gesetzen als ein Parameter, er ist sozusagen physikalisch „tiefer". Es ist bis heute nicht klar, wieso sich in der Physik der Parameter Zeit anders verhält als die Ortsparameter. Während man in der Alltagserfahrung im Raum hin- und hergehen kann, kann man das in der Zeit nicht. Woher die Richtung kommt, ist nicht klar. Wäre die Zeit ein Operator, so könnte man hier einer anderen mathematischen Logik folgen.

Auf gut Deutsch heißt das, dass die Richtung der Zeit mathematisch eigentlich umkehrbar ist, was man aber im Alltag nicht erfährt. Es bleibt also eines der profundesten Rätsel der Naturwissenschaft, weshalb ein potenziell möglicher Zustand so und nicht anders verwirklicht wird, also einem spezifischen Ablauf der Zeit folgt.

Immer wieder hat man versucht, das Entstehen des Universums aus dem Nichts zu erklären. Aber ist es nicht möglich, gerade hinter der merkwürdigen Tatsache, dass unser Universum höchstwahrscheinlich nicht schon immer besteht, sondern sozusagen mit einem Schlag ins Leben getreten ist, ein Indiz zu sehen, dass es sich um eine Schöpfung handelt? Dass ein wie auch immer gearteter Schöpfer am Werk war? Diese Fragen stellen sich, weil wir eben nicht ansatzweise verstehen, was Zeit ist. Schlimmer noch, wir wissen zudem auch nicht, was Raum ist.

Vorsokratiker

So werden alle griechischen Philosophen bezeichnet, die entweder vor Sokrates (469–399 v. Chr.) gelebt haben oder von dessen Gedanken nicht beeinflusst waren. Nach **Parmenides** (um 520–455 v. Chr.) gibt es nur das ungeteilte, ewige Sein. Alles Werden ist für ihn Illusion. Für **Heraklit** (um 520–460 v. Chr.) ist dagegen der Wandel das Eigentliche, nicht das Sein. **Zenon** (um 490–430 v. Chr.) hat mit seinen berühmten Paradoxa die Welten des Parmenides und des Heraklit ins Gespräch gebracht.

Die Vorsokratiker Parmenides – der Philosoph des Seins – und Heraklit – der Philosoph des Werdens – haben die Grenzen des Denkens in der abendländischen Philosophie aufgezeigt. Bis heute verweigern sich die Begriffe Sein und Werden einer eindeutigen Gesamtschau. Man verfällt immer wieder in Paradoxa des Widerspruches dieser beiden Größen, die an die Paradoxa des Philosophen Zenon erinnern. Nach Zenon bewegt sich ein fliegender Pfeil gar nicht, da er ja in jedem Augenblick seiner Bewegung stillsteht. Die Zenonschen Paradoxa galten bis in unsere Zeit als widerlegt. Dann belehrte uns die Quantenphysik eines Besseren. 1994 konnte an der Ludwig-Maximilians-Universität München gezeigt werden, dass allein eine Folge dichter Messungen die Bewegungen eines Quantensystems zum Stillstand bringen kann. Dies nennt man sinnigerweise den „Quanten-Zeno-Effekt". Der bewusst manipulative Eingriff des Menschen auf der Quantenebene lässt experimentell die Überlegungen zum stehenden Pfeil, der fliegt, wieder lebendig werden. Der Physiker und Einstein-Schüler David Bohm hat sich bereits vor der experimentellen Bestätigung Zenons mit solchen Dingen aufs Profundeste auseinandergesetzt. In seinem Buch *Die implizite Ordnung* geht er davon aus, dass Dinge und Gedanken in einer undefinierbaren Totalität des Weltengrundes beieinander wohnen.[7] Bohm inauguriert eine Weltdeutung, in der der Mensch mitsamt seinem Bewusstsein eine zentrale Rolle einnimmt. Er meint, dass die Vorstellung des Menschen vom gesamten Kosmos für die Wahrnehmungen und die Ordnung des menschlichen Bewusstseins verantwortlich sind.[8]

David Bohm
Der amerikanische Physiker (1917–1992) war als Student Robert Oppenheimers an der amerikanischen Forschung zur Atombombe beteiligt. Er wollte in der berüchtigten „Säuberungswelle“ unter Senator McCarthy seine Kollegen nicht denunzieren und musste die USA verlassen, da er keine Stelle mehr bekam. Bedeutend sind seine Beiträge zur Quantenmechanik.

Bohm geht von ständigen Aus- und Einfaltungen aller Naturerscheinungen in die Totalität des Seins aus. Er wendet spekulativ die Regeln der Quantenphysik auf die Allgemeine Relativitätstheorie an, was nach heutigem Kenntnisstand nicht konsistent möglich ist. Somit verortet er den universellen Geist, das Weltbewusstsein, das sich in jedem Menschen spiegelt, in einem Raum, der kleiner als 10^{-33} Zentimeter ist.[9]

Das bedeutet selbstverständlich noch keineswegs eine Entscheidung für eine bestimmte Religion, nicht einmal für eine bestimmte Gottesvorstellung. Die Gottesvorstellungen sind ja, wie wir wissen, sehr unterschiedlich. In der europäischen Aufklärung entstand etwa die Idee von einem Gott, der die Welt zwar geschaffen, sich aber dann von ihr zurückgezogen hat und nicht mehr ins Geschehen eingreift. Das ist ein gewaltiger Kontrast zum „lieben Gott" des Christentums, der immer eingreift, wenn er gebraucht wird, und da und dort sogar die Naturgesetze sprengt, wenn er im Alten wie auch im Neuen Testament Wunder tut.

Dem Urknall nimmt Bohm mit seinen Überlegungen die Spitze, denn für ihn ist er lediglich eine kleine Kräuselung auf dem Ozean des Quantenvakuums. Die Phasen von Myriaden von kleinen Wellen addieren sich so auf, dass ein ganzer Kosmos buchstäblich ins Sein springt, quasi ein Tsunami, der scheinbar aus dem Nichts erscheint. Es ist verblüffend, wie sehr Bohms Gedanken in die Zeit der Vorsokratiker zurückreichen. Der altgriechische *physis*-Begriff lebt bei ihm mit seinem Zusammendenken von Dynamik, Statik, Sein, Werden, Zeit und Raum wieder auf. *Physis,* also Natur, schafft hier den Raum, den Gott braucht, um mit seinem Geist walten zu können. Im theologischen Verständnis der verschiedenen Religionen überwiegt wohl das Gottesbild des großen Machers, Beherrschers, aber auch das des allwissenden Gottes, der alles zu jeder Zeit bis in alle Ewigkeit weiß.

In der letzten Zeit ist mit der sogenannten Prozesstheologie eine ganz neue Richtung in Erscheinung getreten: Sie sieht die Schöpfung nicht als einmalige Tat Gottes, sondern, wie der Name ja schon andeutet, als ständig fortschreitenden Prozess. Viele Vertreter dieser Richtung, etwa Charles Hartshorne (1897–2000), relativieren den Gedanken einer „Allmacht" Gottes. In jedem Fall aber wird diese Auffassung besonders gut der Beobachtung gerecht, dass das im Urknall entstandene Universum vom ersten Augenblick an dynamisch war, um nicht zu sagen: schöpferisch.

Für uns vielleicht passende Stichworte. Über die Frage nach dem Warum der Welt, des Universums haben wir hier gerade nachgedacht, und möglicherweise haben diese Gedanken auch Dankbarkeit für den Urknall geweckt – oder Dankbarkeit für den, der es „hat knallen lassen". Das „knallen lassen" tritt allerdings weit hinter die Erhabenheit eines Schöpfers zurück, der die Lücke nutzt, den der Planck-Raum und die Planck-Zeit ihm geben.

Doch auch die Frage nach dem Wie verdient es, genauer betrachtet zu werden. Wie hat sich das Universum nach dem Urknall weiterentwickelt, und was war hierfür bestimmend? Der Physiker Arthur Eddington sagte zum Rätsel der Zeit, dass sie ihre Richtung umso mehr verbirgt, je mehr man ihr mit Messungen auf der Spur ist. Darin war er sich mit dem Literaten Hugo von Hofmannsthal und dem heiligen Augustinus einig. Man weiß, was die Zeit ist, wenn man nicht über sie nachdenkt, fängt man aber das Nachdenken über sie an, verschwindet sie etwa so, wie ein Regenbogen zurückweicht, dem ein Kind hinterherläuft.[10]

Wie ist das zu verstehen? Wir wissen ja, dass man Zeit wegen der Heisenbergschen Unschärfe nicht beliebig genau messen kann. Ort und Impuls sind nicht gemeinsam messbar, ebenso wenig Zeit und Energie. Der Zeitpfeil ist notwendigerweise ein energetisches Phänomen, weshalb die exakteste Zeitmessung eben den Energiegehalt des Gemessenen verschleiern muss.

Messungen sind also fragwürdig. Trotzdem werden viele auf die Frage nach dem Wie und dem Warum des Seins sich ganz selbstverständlich auf die messbaren Naturgesetze beziehen. Sehen wir uns also im folgenden Kapitel die Naturgesetze näher an.

Arthur Eddington

Der Physiker und Nobelpreisträger Arthur Eddington (1822–1944) war Experte für Einsteins Relativitätstheorie. Als gläubiger Quäker vertrat er die Auffassung, dass die Physik nicht alles im Alleingang erklären könne. Vielmehr höre sie da zu denken auf, wo es für den Menschen erst interessant werde.

2. WELTWUNDER:
Die Naturgesetze

Die Tempel Chichén Itzá auf der mexikanischen Halbinsel Yucatán sind auf die Tagundnachtgleiche ausgerichtet, ihre Stufenzahl entspricht der Tageszahl eines Maya-Jahres. Die Stätte ist ein Abbild der ewigen Gesetze, die auf der Erde und im Kosmos herrschen.
Die Natur, so sind wir Menschen überzeugt, gehorcht von Anfang an überall denselben Gesetzen. Doch wenn sie „gehorcht“, ergibt sich damit gleichzeitig: Die Natur *ist* nicht das Gesetz oder die Gesetze. Vielleicht kann man sagen, sie sei von Gesetzmäßigkeit durchwoben. Bedeutet das aber nicht, dass sie irgendwie abhängig ist? In dem Sinne, dass die Gesetze über der Natur stehen? Gesetze sind, wie das Wort sagt, gesetzt, aufgesetzt, eingesetzt.
Naturgesetze stehen mit dem Universum in engster Verbindung. Nach Paul Davies sind sie „die ewigen Wahrheiten, auf denen das Weltall gebaut ist.[11]“ Sie sind für ihn geradezu der „Seinsgrund“. Davies hat natürlich die Gedanken von David Bohm (siehe Seite 35) zur Kenntnis genommen.

Paul Davies
Der Brite (*1946) ist Professor für Physik, Experte für Kosmologie und Quantenfeldtheorie und trat als erfolgreicher Sachbuchautor in Erscheinung. Zeit seines Lebens hat er versucht, Philosophie, Religion und Naturwissenschaft miteinander ins Gespräch zu bringen.

Aber wie kann das alles sein? Wenn unser ganzer Kosmos im Urknall einen klar definierten Anfang hat, waren dann die Naturgesetze „immer schon“, unterlag auch der Urknall ihnen und ihrer allgemeinen Gültigkeit?
Diese Frage kann sich nur der stellen, der nicht begriffen hat, dass es sinnlos ist, unterhalb der Grenze von Planck-Raum und Planck-Zeit überhaupt von einem klar definierten Anfang zu sprechen. Nach Bohm kann man sich die Welt als gewaltiges Hologramm vorstellen, in dem alle Dimensionen von Raum, Zeit und Bewusstsein im Hegelschen Sinne „aufgehoben“ sind.[12] Der Philosoph Georg Wilhelm

Friedrich Hegel (1770–1831) sprach nämlich von einer dreifachen Bedeutung des Wortes „aufgehoben“: Erstens als „überholt“, zweitens als „erhoben“ und drittens als „gespeichert“. Theologisch gewendet kann man sagen, dass im Geist Gottes alles zugleich vorhanden ist. In Gott ist das allsehende Auge, das Alpha und das Omega, in dem Sein und Zeit transzendiert sind.

Gewaltig

Gewaltig und groß sind sie,
die Mächte der Natur:
Stürme und Fluten,
Feuer und das Beben der Erde.

Gewaltiger noch die Gesetze,
denen das Große gehorcht.
Auch alle Gestirne
und sogar Galaxien.
Und auch kleinste Teilchen
in ihrem Zusammenwirken.

Noch gewaltiger ist die Kraft des Lebens,
dass etwas stets neu werden kann.

Und doch ist das Gewaltigste
auch das Sanfteste,
das durch kein Gesetz, keine Kraft
erklärbar wird:
die Schönheit des Anblicks einer Blume,
die Schönheit des Klangs eines Liedes
und das Erfahren selbstloser Liebe.
Im Erblicken und Schauen,
im Klingen und Vernehmen
und im geliebten Du
erst finden Kräfte und Gesetze
den Sinn des Augenblicks.

Sind die Naturgesetze allmächtig?

Die Natur weist auffällige Regelmäßigkeiten auf. Die Bahnen der Planeten beispielsweise lassen sich durch einfache geometrische Formeln beschreiben, ihre Bewegungen weisen klare mathematische Rhythmen auf. Aber auch im Mikrobereich, auf der Ebene der Atome, gelten in vielen Bereichen mathematische Strukturen und Rhythmen. Im Laufe der Geschichte entdeckte menschliche Wissbegier immer neue Gesetzmäßigkeiten, denen die Natur folgt. Es schien zunehmend, als ließe sich die gesamte Natur mithilfe mathematischer Formeln erfassen, beschreiben, ja „erklären" – wobei die Frage zu stellen ist, inwieweit Gesetzmäßigkeiten etwas wirklich erklären können. Die Naturgesetze mussten der wissenschaftsgläubigen Menschheit geradezu erscheinen, als wären sie die wahren Herrscher über das All.
Wenn wir wieder dem schon erwähnten Physiker Paul Davies folgen, sind vier Eigenschaften für sie charakteristisch:[13]

- Erstens sind sie allgemeingültig.
  Die Gesetze müssen überall im Kosmos gelten.
- Zweitens sind sie „absolut",
  hängen also von nichts anderem ab.
- Drittens gelten sie immer, sind also zeitlos oder,
  wenn man so will, „ewig".
- Und viertens sind die Gesetze „allmächtig",
  ihnen kann nichts entgehen.

Stehen sie nun von Anfang an als etwas Ewiges über all dem Geschehen, Entstehen, Werden und Vergehen des Kosmos? Existierten sie also außerhalb von allem? Sind sie etwas Transzendentes?

Stephen Hawking und die Ursachen nach Aristoteles

Hier kommen ein weiteres Mal die Thesen von Stephen Hawking (siehe auch Seite 29 f.) ins Spiel. Dieser große Physiker versuchte stets weiterzufragen und eventuell eine „Weltformel" zu entdecken.

In seinem Buch *Eine kurze Geschichte der Zeit* hatte er geschrieben, wir würden mit der Entdeckung einer „vollständigen Theorie“ den „Plan Gottes“ kennen.[14] In seinem neueren, zusammen mit Leonard Mlodinow (*1954) verfassten Werk *Der große Entwurf* versucht er dagegen, für ebendieses Universum eine „natürliche“ Erklärung zu finden und dabei ganz und gar auch nur ohne das geringste „An-Denken“ an Gott auszukommen. Stattdessen sucht er allein in den Gesetzen der Physik die Lösung aller Fragen. Wir erinnern uns an seinen Satz: „Da es ein Gesetz wie das der Gravitation gibt, kann und wird sich das Universum ... aus dem Nichts erzeugen.“[15]

In seinem „schöpferischen Nichts“ scheint es also auch so etwas wie Gesetze zu geben. Darauf kommt Hawking zu der entscheidenden Schlussfolgerung: „Spontane Erzeugung ist der Grund, warum etwas ist, und nicht einfach nichts, warum es das Universum gibt, warum es uns gibt. Es ist nicht nötig, Gott als den ersten Beweger zu benützen, der das Licht entzündet und das Universum in Gang gesetzt hat.“[16]

Manche betrachten es fast als Sakrileg, Worte eines so bedeutenden Geistes infrage zu stellen. Aber können physikalische Gesetze allein etwas hervorbringen? Gerade große Männer begehen große Irrtümer. Wir haben oben gezeigt, dass es nicht sinnvoll ist, unterhalb der Planck-Zeit und der Planck-Länge von physikalischen Gesetzen zu sprechen. Gesetze in unserem Sinne setzen nämlich immer eine Definierbarkeit in Raum und Zeit voraus. Wenn Raum und Zeit nun ausfallen, wie soll man sich da ein „Gesetz“ überhaupt denken?

Wenn man also vom „gesamten Universum“ spricht, blendet man aus, dass gerade da, wo David Bohm die Wirkmacht des universellen Geistes verortet, keine Naturgesetze gelten. Die von Bohm angenommene implizite Ordnung, für die der Urknall nur ein lauer Windhauch ist, ist der Raum der Kreativität und des Neuen, die sich keinem strikten Gesetz beugen wollen.

Hawking ist wie Newton nur ein weiterer „Gläubiger“, der auf seine eigene Voreingenommenheit hereinfällt. Dabei ist es nötig, deutlich zu sagen, dass es uns allen so geht. Da wir hier ständig an der Grenze des Wissbaren operieren, müssen wir bestimmte Dinge einfach glauben, sie ohne Beweisbarkeit einfach voraussetzen, da man ansonsten das Reden komplett einstellen müsste. Man findet sich also beständig in einer Struktur des Infragestellens wieder. Newton erkannte Gott an.[17] Da Hawking Gott hingegen ausblendet, könnte man das amüsante Gedankenexperiment anstellen: Wie hätte William Blake wohl den guten Stephen Hawking gezeichnet, wenn er schon Newton als Knecht von Zahl und Maß dargestellt hat? Mit Verlaub, der Kaiser hat wieder einmal keine Kleider an. Es ist auf ein einfaches Fazit zu bringen: Glauben tun wir alle, egal, ob an Gott oder an etwas anderes. Nicht an Gott zu glauben, ist auch nur ein Glaube, kein Wissen.

Der ebenfalls schon hier zitierte Mathematikprofessor John Lennox (siehe Seite 31) kommentiert Hawkings These folgendermaßen: „Freilich hat in der Welt, in der wir leben, das schlichte Gesetz der Arithmetik, 1 + 1 = 2, noch nie von sich aus irgendetwas ins Dasein gerufen. Jedenfalls hat es noch kein Geld auf mein Bankkonto fließen lassen."[18]

Vielleicht ist es nützlich, hier einen Blick auf die Erkenntnisse eines Mannes zu werfen, der das abendländische Denken viele Jahrhunderte lang entscheidend geprägt hat: nämlich des griechischen Philosophen Aristoteles (384–322 v. Chr.). Er sprach nicht einfach undifferenziert von „der Ursache" für irgendetwas, sondern unterschied vier Ursachen – oder vielleicht sollte man besser sagen, vier Erklärungsebenen. Neben der Kausalität, der „Wirkursache", die das wissenschaftliche Denken heute beherrscht, gibt es bei ihm nämlich noch die „Stoffursache", die „Formursache" und die „Zweckursache".

Das Ganze lässt sich gut an einem Schneider durchdeklinieren, der ein Kleid näht. Die Stoffursache ist dabei, ganz klar, das Material, aus dem das Kleid besteht – also der „Stoff" im wörtlichen Sinne. Die Formursache ist der Entwurf, das Schnittmuster, nach dem das Kleid entsteht. Die Wirkursache wäre in diesem Fall die Arbeit, die der Schneider in das Kleid investiert. Und die Zweckursache lässt sich ebenfalls benennen: dass eine Kundin des Schneiders bei einer bevorstehenden Hochzeit ganz besonders schön aussehen will.

Aristoteles
Der Athener Philosoph (384–322 v. Chr.) war eine der einflussreichsten Persönlichkeiten der Geistesgeschichte. Als Universalgelehrter war er in allen Bereichen der Wissenschaft tätig und gilt als Vater der Naturwissenschaft. Anders als sein Lehrer Platon glaubte er nicht an ewige Ideen, sondern sah die Ursache der Form im Diesseits, in der Substanz, verankert. Aristoteles beeinflusste stark die mittelalterliche christliche Theologie.

Hier wird deutlich, dass ein Naturgesetz bestenfalls die „Formursache" für die Entstehung des Kosmos sein kann, aber die drei anderen Ursachen bleiben offen. Auch hier kann man nur staunen, wenn Hawking selbst nicht auffällt, dass er längst jenseits des modernen wissenschaftlichen Diskurses angesiedelt ist. Nach gängiger wissenschaftlicher Meinung dürfte nämlich nur die Kausalität, die moderne Erbin der Wirkursache, Berücksichtigung finden. Doch der Kronzeuge gegen Hawking ist Hawking selbst. Er schrieb noch in *Eine kurze Geschichte der Zeit:*

„Die übliche Methode, nach der die Wissenschaft sich ein mathematisches Modell konstruiert, kann die Frage, warum es ein Universum geben muss, welches das Modell beschreibt, nicht beantworten. Warum muss sich das Universum all dem Ungemach der Existenz unterziehen? Ist die einheitliche Theorie so zwingend, dass sie diese Existenz herbeizitiert? Oder braucht das Universum einen Schöpfer, und wenn ja, wirkt er noch in irgendeiner anderen Weise auf das Universum ein?"[19]

Ich habe versucht, diese Überlegungen in einem kleinen lyrischen Experiment auf den Punkt zu bringen:

Auf Stephen Hawking

Wenn eine Formel alles fasste,
auch wenn es in die Gleichung passte,
bleibt doch die Frag' woher sie kam,
woher sie ihren Ursprung nahm.

Wer hauchte Atem in Gesetze
und wer gab ihnen Wirkungsplätze?
Wer schenkte aus der Ewigkeit
dem Sein den Raum, dem Raum die Zeit?

Warum musst' irgendwas entstehen,
wenn jedem Werden das Vergehen
ein unausweichbar Schicksal ist?
Warum ist Zeit nur, wenn sie fließt?

Die Grenzen der Naturgesetze

Mit den Naturgesetzen können zwar komplexe Naturvorgänge erklärt werden, jedoch können sie sich selbst und den Grund ihrer Existenz nicht erklären. Dies möchte ich an einem literarischen Beispiel demonstrieren.
Zu den schlichtesten, aber auch eindrucksvollsten Gedichten, die ich kenne, gehören die Zeilen von Goethe:

Wandrers Nachtlied

Über allen Gipfeln ist Ruh.
In allen Wipfeln spürest du
kaum einen Hauch.
Die Vögelein schweigen im Walde.
Warte nur, balde
ruhest du auch.

Nicht einmal überdrehte, linguistisch beseelte Germanisten kämen wohl auf die Idee, dieses Gedicht lediglich als Produkt der deutschen Grammatik- und Rechtschreibregeln erklären zu wollen. Das Gedicht folgt den Regeln von Rechtschreibung und Grammatik, auch den Regeln des Versmaßes und denen der poetischen Ästhetik, des Wohlklanges und so weiter. Dennoch geht es über all diese Regeln hinaus, da es mit einer Absicht von einem Geist erschaffen wurde.

Da wundert es den interessierten Laien doch etwas, wenn er erfährt, dass ausgerechnet einer der größten Naturwissenschaftler der jüngsten Zeit meint, die Existenz unserer Welt, ja des ganzen Universums, ließe sich vollständig aus dem Vorhandensein der Gravitation oder anderer Naturkräfte erklären. Selbst große Intelligenz schützt offenbar vor Torheit nicht – vor der Torheit nämlich, das Regelwerk mit der Sache selbst zu verwechseln.

Auch durch Vergleiche aus dem Bereich der Musik lässt sich die angesprochene Problematik sehr schön illustrieren. Es liegt nahe, dabei an das Oratorium „Die Schöpfung“ von Joseph Haydn zu denken. Natürlich stehen hinter einem solchen Werk Gesetze. Zunächst einmal die Gesetze der Akustik, ohne die Musik als solche gar nicht denkbar wäre. Dann auch die musikalischen Gesetze: die der Harmonielehre, der musikalischen Formenlehre, des Kontrapunkts, der Instrumentation ...

Doch damit ein solch großartiges Werk entsteht und nicht nur entsteht, sondern auch aufgeführt und seinem Publikum bekannt werden kann, sind sehr viel mehr Faktoren maßgebend. Ich nenne nur einige: zunächst die Person des Komponisten, seine Genialität, seine Ideen, die harte Arbeit der Komposition, den Plan in Noten umzusetzen (hier hätten wir wieder die „Wirkursache“ des Aristoteles).

Aber auch das ist bei Weitem noch nicht alles. Damit das Ganze lebendiger Klang wird, braucht es hervorragende Solisten, den Chor mit seinen vielen unterschiedlichen Stimmen und das Orchester mit seinen vielen Musikern, aber auch mit den Instrumenten, die von fähigen Instrumentenbauern geschaffen wurden. Es braucht einen Dirigenten, der alles leitet und koordiniert. Gar nicht davon zu reden, dass ein Raum mit entsprechender Akustik vorhanden sein, dass die Aufführung finanziert und bekannt gemacht werden muss (ich verzichte auf den Begriff „Marketing“, eines der Modewörter unserer Zeit).

Und immer noch fehlt etwas ganz Wichtiges: die Zuhörer, die einen Sinn für ein solches Werk haben. Damit kommt eine ganz neue Dimension ins Spiel: das Schöne und der Sinn für das Schöne. Das ist eigentlich der wesentliche Punkt: Der Geist des Menschen, den man als von Gott gegeben betrachten kann, steht am Anfang der Schöpfung und am Ende – bei der Entstehung des Werkes und bei dessen Betrachtung.

Eine vorherbestimmte Welt?

Die bisherigen Überlegungen führen zu einigen wichtigen Erkenntnissen. Die Naturgesetze sind sozusagen der ruhende Pol in einem sich ständig verändernden Universum. Sie bringen Ordnung in das Chaos einer gigantischen Anhäufung von sich ständig bewegender, durch Raum und Zeit tanzender Materie. Aber so mächtig sie als Herrscher über eine unermesslich große und unermesslich energiereiche Welt sind, sie haben auch ihre Begrenzungen.

Denn sie können diese Welt zwar regieren und ordnen, aber sie sind nicht schöpferisch. Genauso wie man im vorhergehenden Kapitel dem Nichts absprechen musste, dass es die Welt erschaffen hat, muss man das auch den Naturgesetzen absprechen. Gesetze allein reichen nicht aus, um die Geburt des Kosmos zu erklären. Sie reichen nicht einmal aus, um ein Mensch-ärgere-dich-nicht-Spiel zu erklären. Nicht die Regeln bewirken, dass die Spielfiguren über das Brett wandern, sondern das Bewusstsein und der Spaß der spielenden Kinder bewirkt das.

Regeln reichen außerdem erst recht nicht aus, um die erstaunliche Entwicklung, die ständige, schöpferische Weiterentwicklung des Kosmos zu erklären.

In der Einleitung habe ich es bereits angedeutet: Es gab Zeiten, in denen glaubte die Wissenschaft an eine Welt, die festen Gesetzen gehorcht und daher prinzipiell vollständig vorhersagbar wäre – vorausgesetzt, man hätte eines Tages all ihre Geheimnisse entschlüsselt und es wären alle maßgebenden Parameter bis ins Detail bekannt.

Gern wird in diesem Zusammenhang der französische Mathematiker, Physiker und Astronom Pierre-Simon Laplace zitiert, der im Jahr 1814 schrieb: „Wir müssen also den gegenwärtigen Zustand des Universums als Folge eines früheren Zustandes ansehen und als Ursache des Zustandes, der danach kommt. Eine Intelligenz, die in einem gegebenen Augenblick alle Kräfte kennt, mit denen die Welt begabt ist, und die gegenwärtige Lage der Gebilde, die sie zusammensetzen, und die überdies umfassend genug wäre, diese Kenntnisse der Analyse zu unterwerfen, würde in der gleichen Formel die Bewegungen der größten Himmelskörper und die des leichtesten Atoms einbegreifen. Nichts wäre für sie ungewiss, Zukunft und Vergangenheit lägen klar vor ihren Augen."[20]

Pierre-Simon Laplace
Der französische Mathematiker, Physiker und Astronom (1749–1827) beschäftigte sich vor allem mit Problemen der Wahrscheinlichkeitsrechnung und der Himmelsmechanik. Wenig erfolgreich war ein Ausflug in die Politik: Als Napoleons Innenminister wurde er 1799 bereits nach sechs Wochen wieder abgelöst.

Sieht man einmal von dem praktischen Problem ab, dass in unserem unendlich großen und unendlich komplexen Universum sowieso nie alle Kräfte und die „gegenwärtige Lage der Gebilde" bekannt sein können, sind hier auch grundsätzliche Zweifel angebracht.
Man denke beispielsweise an den Unsicherheitsfaktor Mensch. Um ein ganz simples Beispiel zu gebrauchen: Nehmen wir an, die von Laplace ins Spiel gebrachte umfassende Intelligenz (man spricht in diesem Zusammenhang vom „Laplaceschen Dämon") hätte errechnet, Herr Meier würde am kommenden Donnerstag auf der Fahrt zu seinem Geschäftstermin mit dem Auto verunglücken. Wenn sie Herrn Meier diese Erkenntnis mitteilt, würde dieser vermutlich den Termin absagen oder mit der Bahn dorthin fahren. Wo bleibt nun die bis ins Letzte vorherbestimmte und vorhersagbare Welt?
Und, wie ebenfalls schon angedeutet, hat sich die Wissenschaft in-

zwischen tatsächlich von dieser Vorstellung verabschiedet. Wie kam das?

Laplace konnte auf Napoleons Frage, wo denn Gott in seinen Hypothesen sei, noch blasiert antworten, dass er diese Annahme nicht nötig habe.[21] Laplace vertraute ganz auf die Metapher, dass das Universum ein perfektes Uhrwerk sei. Einen Uhrmacher-Gott, den Newton noch als eine Selbstverständlichkeit ansah, schaffte er als überflüssige Hypothese ab.[22]

Newton hatte Differentialgleichungen für Ort, Beschleunigung und Geschwindigkeit aufgestellt, die in einem Universum, das lediglich aus zwei Körpern bestand, wunderbar bis auf die letzte Kommastelle funktionierten. Man weiß heute, dass man sogar Raumschiffe mit den Formeln Newtons ziemlich genau durch das All navigieren lassen kann. Aber ob die Formeln für mehr als zwei Körper wirklich exakte Ergebnisse liefern, daran gab es frühzeitig Zweifel. Aus diesem Grunde stiftete im Jahre 1885 König Oscar II. von Schweden 2500 Kronen für die Beantwortung der Frage, ob das Sonnensystem stabil sei.[23]

Das rief den genialen Mathematiker Henri Poincaré auf den Plan, der sich das Preisgeld holen wollte. Die Beantwortung der Frage erwies sich als schwierig. Poincaré musste dafür einen neuen Zweig der Mathematik erfinden, die Topologie. In dieser Mathematik kennt man keinen Unterschied zwischen Dreiecken und Vierecken, es geht lediglich um Transformationen. Poincaré konnte mit seinem Modell der Nichtlinearität der Wirklichkeit gerecht werden. Er ging weit über Newton hinaus, indem er sich rückgekoppelte Terme hinzudachte. Erst war er der Meinung, er könnte die Stabilität der Planetenbahnen beweisen, musste aber zu seinem Erschrecken feststellen, dass bereits kleinste Störungen nach seinem Modell zu völlig unvorhersehbarem chaotischen Verhalten führen mussten. Nach seiner Kalkulation ließ ein dritter Körper, der dem idealen System Newtons hinzutritt, das Ganze wie einen Betrunkenen torkeln. Im schlimmsten Fall kann dies das Dreikörper-Universum auseinandersprengen.[24]

Die sogenannte Chaostheorie war geboren, und Poincaré hat seine 2500 Kronen dafür erhalten, dass er die Luft aus dem aufgeblasenen Laplaceschen Dämon herausließ.

Henri Poincaré

Der französische Mathematiker und Universalgelehrte (1854–1912) war für seine außerordentliche Intelligenz und sein fotografisches Gedächtnis bekannt. Er leistete in Physik, Mathematik und Philosophie Außerordentliches, obwohl er eigentlich Bauingenieur war.

Hier stoßen wir auf ein neues Wunder.

3. WELTWUNDER:

Vielfalt und Komplexität

Das Kolosseum in Rom beeindruckt noch heute, als Ruine. Der Bau ist nicht nur monumental, sondern auch bis ins Kleinste durchdacht: die vielen Eingänge, Durchgänge und Treppen, die es bis zu 50.000 Zuschauern ermöglichten, ihren Platz zu erreichen; aber auch die „Unterwelt“, die für den Besucher unserer Tage sichtbaren Kellerräume unter der Arena, die die ausgeklügelte Logistik für die oft blutigen Spiele beherbergten, die eine Etage höher stattfanden. Kurz: Trotz aller Fragwürdigkeit dessen, was sich hier abspielte, haben wir ein faszinierendes Beispiel von Komplexität vor uns, das seinen Baumeistern ein hervorragendes Zeugnis ausstellt.
Doch auch hier gilt: Die von Menschen geschaffene Komplexität ist bescheiden im Vergleich zu der Komplexität, die man in der Natur immer und überall erlebt.
Die Astrophysik kann heute verblüffend genau beschreiben, wie das Universum sich in den ersten Sekundenbruchteilen nach dem Urknall entwickelt haben muss. Obwohl das, was sie beschreiben, wohl für die Wissenschaftler selbst nicht so richtig vorstellbar ist.
Aber sie wissen, dass sich das Universum laufend ausdehnt, und sie haben eine Reihe von Formeln, mit deren Hilfe sie rekonstruieren können, wie frühere Zustände des Universums ausgesehen haben. Bis zurück zur „Stunde null“, als alles entstand.
Oder vielmehr, um genau zu sein, nicht ganz zurück bis zu dieser Stunde null, die nach wie vor im Dunkeln bleibt. Sondern zu einem Zeitpunkt genau 5 mal 10^{-44} Sekunden später – die kleineste sinnvolle Zeiteinheit, die wir bereits unter dem Namen „Planck-Zeit“ kennengelernt haben.
Zunächst war das Universum ungeheuer klein, ungeheuer schwer und ungeheuer heiß. Materie, Kräfte, alles, was unseren Kosmos heute ausmacht, war noch beisammen, nicht unterscheidbar, eine Einheit. Was immer man sich darunter auch vorstellt.
„Das Universum war ein einziger Energiebrei. Es war ... eine ideale Welt, in der alles gleich war. Alle Kräfte und alle Teilchen, die in diesem Universum irgendwann wirksam waren, und sind, waren zu einem verschmolzen“, charakterisiert Harald Lesch diesen Zustand.[25] Hätte er sich mit David Bohm beschäftigt, würde er nicht so fasziniert von dem Gekräusel auf der Oberfläche des Ozeans sein. Einige sitzen demselben Irrtum wie Hawking auf, dass es nämlich sein kann, dass unter der

Definitionsgrenze dessen, was in Maß und Zahl sagbar ist, quasi die Musik spielt.
Doch dann passiert etwas mit diesem „Energiebrei". Es beginnt eine Entwicklung, die bis heute anhält: die Entstehung von immer mehr Vielfalt und Komplexität.

Woher kommt eigentlich das Neue?

„Papa", fragte Katharina, „kannst du mir sagen ..."
Oh je, dachte der, denn ihm war klar: Nun musste er wieder eine Reihe von Fragen beantworten, bei denen er am Ende wahrscheinlich auch nicht mehr weiterwüsste.
„Papa, woher kommt eigentlich die Brezn, die mir gerade so gut schmeckt?", fragte also Katharina kauend.
„Das weißt du doch, du warst doch dabei, als wir sie gekauft haben, vom Bäcker Eberl."
„Hm, und der macht Brezen."
„Richtig, das heißt, er backt sie."
„Ja, aber er muss doch vorher schon etwas gemacht haben, bevor er es dann in den Backofen schieben kann. Mama backt ja auch auf Weihnachten immer Plätzchen, die sie vorher schon aus einem Teig ausgestochen hat."
„Ganz richtig. Der Herr Eberl macht das nämlich ganz ähnlich wie die Mama. Er bereitet den Teig, formt ihn zu Brezen und schiebt sie in den Backofen."
„Aber die Plätzchen schmecken ganz anders als die Brezen."
„Freilich, Mama tut ja auch etwas anderes in den Teig als der Herr Eberl. Beispielsweise kein Salz, sondern Zucker und Zimt."
„Papa, und woher kommt der Teig?"
„Oh je" – jetzt war Katharina also voll auf der Fragetour – „der Teig? Ja, ich hab's doch gerade gesagt, der wird von der Mama beziehungsweise Herrn Eberl aus Mehl, Salz, Zucker und so weiter geknetet."
„Und woher kommt das Mehl?"

„Das hab ich dir doch auch schon einmal erzählt. Aus Getreidekörnern, die gemahlen werden. Und weil du bestimmt gleich weiterfragst: Die Körner wachsen in Ähren auf den Feldern. Du hast das schon oft gesehen, die Ähren werden jedes Jahr geerntet. Zufrieden?"
Da kannte der Papa aber Katharina schlecht. „Nein, ich möchte noch wissen, woher die Ähren kommen."
„Auch das weißt du schon. Die wachsen aus einem Korn heraus, das der Bauer mit vielen anderen Körnern in die Erde gesät hat, und das Korn ist aus einer Ähre vom vorigen Jahr gekommen. Bist du jetzt zufrieden?"
„Nicht ganz, Papa. Ich möchte noch wissen, wie eine ganze Ähre aus einem so kleinen Korn entstehen kann."
Na also, jetzt wurden die Fragen, wie erwartet, immer kniffliger. „Ja, Katharina, das ist sehr schwierig zu erklären. Ein Korn oder ein Same ist eben etwas Wundersames."
„Ach, heißt er darum Same?"
„Hm", sagte Papa, „vielleicht."
Katharina war sichtlich immer noch nicht zufrieden. „Wie kommt es denn, dass aus einem alten Korn ganz neue Ähren herauskommen?"
„Oh Gott, Katharina, ich hab's dir doch zu erklären versucht."
„Nein, ich meine ja etwas anderes. Wie kann denn aus Altem etwas ganz Neues entstehen?"
„Was meinst du denn jetzt damit wieder, Katharina?"
„Ich möchte wissen, woher das Neue kommt."
„Woher das Neue kommt? Das ist eine kluge Frage. Da muss ich selber nachdenken. Vielleicht war es schon immer irgendwo verborgen, und dann kommt es eines Tages zum Vorschein, so wie du beim Ostereiersuchen plötzlich ein Nest findest, das vorher versteckt wurde."
„Und wer hat das Neue versteckt?"
„Katharina, mir fällt dazu gerade was ein. Vielleicht ist es so wie bei einem Lied. Du weißt doch vom Flötenspielen her, es gibt eigentlich nur sieben verschiedene Töne in einer Tonleiter."

„Ja: C, D, E, F, G, A, H."
„Richtig, und aus diesen paar Tönen kann man

immer wieder neue Melodien machen. Schau dir nur einmal dein Liederbuch an, da gibt es zwar verschiedene Tonarten, Viertel-, Achtelnoten, halbe und ganze und verschiedene Takte, aber die Noten sind immer wieder die gleichen, allenfalls höher oder tiefer."

„Dann ist das alles so ähnlich wie mit dem Teig? Man kann mit ein paar verschiedenen Zutaten auch immer wieder ein ganz neues Gebäck machen?"

„Hervorragend mitgedacht, Katharina."

„Ich glaube, ich verstehe jetzt ein bisschen", überlegte Katharina, „aber da hab ich noch eine ganz wichtige Frage: Die Backrezepte, oder auch die Lieder, kommen doch nicht von allein zustande?"

„Du hast wieder recht, Katharina. Mehl, Gewürze oder Töne wären ein bloßes Durcheinander, ein wilder Haufen oder, wie man mit einem Fremdwort sagt: ein Chaos. Da muss wer schon irgendwie eine gewisse Ordnung hineinbringen. Aber ordnen allein hilft auch nichts. Stell dir vor, die Noten sind nur von tief nach hoch geordnet oder die Backzutaten von süß nach salzig. So kommt noch lange kein Lied und auch keine Brezen zustande. Kein Lied, das fröhlich oder traurig ist, und keine Brezen, die gut schmeckt."

„Und wie wird etwas fröhlich oder traurig oder schmeckt gut?"

„Ja, das ist die Frage, da muss man sich etwas einfallen lassen. Das kann man nicht dem Zufall überlassen."

„Und woher kommen dann die Einfälle für etwas Neues, Fröhliches und Gutes?"

„Einfälle sind, äh, Geistesblitze. Mein Gott, Katharina, ich habe es ja eigentlich geahnt, dass du mir heute wieder ein Loch in den Bauch fragst. Woher kommen bloß deine Fragen?"

„Könnte es sein, dass sie auch von daher kommen, wo die Einfälle für alles Neue herkommen, von einem, wie du gesagt hast, Blitzgeist?"

„Blitzgeist! Hahaha. Ich habe Geistesblitz gesagt."

„Ist ja gleich, Papa, jedenfalls weiß ich jetzt, warum er so heißt."

„Warum wer so heißt?"

„Der Geist natürlich. Wenn er sich immer wieder Neues ausdenkt, das er auf uns einfallen beziehungsweise einblitzen lässt, dann muss er doch eigentlich blitzgescheit sein, dieser Geist."

Vom Energiebrei zum Kosmos

Sehen wir uns also an, was mit dem Universum passiert, nachdem es im Augenblick seines Entstehens nur ein „Energiebrei" war.
Jean Guitton, Grichka und Igor Bogdanov protokollieren es in ihrem Buch *Gott und die Wissenschaft:* „In diesem Augenblick existiert nun aber erst ein einziges Teilchen, dem die Astrophysiker den poetischen Namen X-Teilchen gegeben haben. Es ist das Urteilchen, dasjenige, das allen anderen vorangegangen ist. Seine Rolle besteht lediglich darin, Kräfte zu transportieren ... Aus dem X-Teilchen entstehen die allerersten Materieteilchen: die Quarks, die Elektronen, die Photonen, die Neutrinos samt ihren Antiteilchen."[26]
Wir sehen: „Alles" ist zunächst eines, eine Singularität, ein Urteilchen, ein X-Teilchen. Alles ist noch in sich verschmolzen. Alles ist in einem Gleichgewicht.
Doch dann kommt plötzlich Unruhe, Ungleichgewicht in die Szene. Es entstehen erste Materieteilchen.
Es ist der Anfang einer Milliarden Jahre dauernden Entwicklung: Die ersten Atome entstehen – zunächst Wasserstoff und Helium, die Elemente mit dem einfachsten Aufbau.
Gaswolken beginnen sich zu Galaxien zu organisieren. Die ersten Sterne erscheinen auf der Bildfläche, und in ihren Kernen entstehen unter hohem Druck komplexe Atome: Kohlenstoff, Stickstoff, Sauerstoff, schließlich auch Metalle. Diese Atome gelangen in den Raum zwischen den Sternen und verbinden sich zunächst zu Molekülen, dann zu Staubkörnchen. Diese klumpen wiederum zusammen und bilden immer größere Körper – die Vielfalt der Planeten ist geboren. Es entwickeln sich ständig neue und immer komplexere Strukturen – bis hin zu den komplizierten organischen Verbindungen und schließlich dem aus ihnen aufgebauten Leben auf der Erde. Und dieser Vorgang der Entstehung von Vielfalt und Komplexität ist ganz sicher mit unserer heutigen Zeit noch zu keinem Abschluss gelangt.
Wir können über all das eigentlich gar nicht genug staunen. Doch außer staunen können wir auch Fragen stellen. Etwa die grundsätzliche Frage: **Wie kam es, dass aus einem mehr wurde?**

Sicherlich, man kann zunächst einmal feststellen: Das geschah, indem sich besagtes Teilchen „aufteilte".

Aber wieso hatte denn das X-Teilchen die „Absicht" zu dieser Teilung? War vielleicht in ihm schon eine „Vorstellung" aller zukünftigen Teilchen enthalten?

Es ist erstaunlich, dass die Gedanken, die sich die Philosophen des Altertums über den „Anfang" der Welt gemacht haben, höchst aktuell sind. Der schon erwähnte Aristoteles postuliert einen Urstoff, der in sich die Fähigkeit der Kreativität und Selbstorganisation enthält. Die Formen der Materie bilden sich stufenweise durch immer komplexer werdende Merkmale. Der Philosoph spricht in diesem Zusammenhang von „Entelechie" – das heißt, die Materie trägt ihr Ziel, ihren Zweck in sich.

Woher aber diese Entelechie kommt, wer sie in die Dinge „hineingesteckt" hat, woher sie „wissen", was sie zu tun haben und wohin sie sich entwickeln sollen – das bleibt die große Unbekannte.

Es gibt Deutungen der Quantenmechanik, die dem altgriechischen Naturbegriff (*physis*, siehe auch Seite 27) nahekommen. Dieser Begriff denkt Materie, Körper und Geist als eine Einheit. Alle können sie nicht anders als zeitlich gedacht werden, da die Materie ja von atomaren Schwingungen getragen wird und der Geist nicht als Erkenntnisorgan fungieren könnte, wenn er zeitlos strukturiert wäre. Die subjektive Erkenntnis eines Objektes setzt Zeit voraus, da Subjekt und Objekt getrennt sind und die Erfassung des Letzteren eben Zeit benötigt. Geist und Materie sind nach Alfred North Whitehead nicht trennscharf zu denken. Erkenntnis vollzieht sich immer geistig, insofern sind Zuschreibungen, dass Materie ohne Geist sei, ein geistiger Prozess. Im Erkenntnisprozess sind daher sowohl Geist als auch Materie nur geistig zu erfassen. In dem Sinne ist „Unbelebtheit" oder „Ungeistigkeit" lediglich eine Zuschreibung.[27] Einfacher gesagt, wir können alles nur in sprachlichen, damit geistigen Begriffen beschreiben. Es gibt zudem keine einzige allgemeingültige Definition, was Körper, Geist und Materie letztgültig sind. Wir können diese Begriffe gar nicht so sauber klären, dass sie für alle Zeit und für alle Menschen plausibel und gültig wären.

Alfred North Whitehead
Der britische Philosoph und Mathematiker (1861–1947) beschäftigte sich mit einer Vielzahl von Themen, darunter auch mit der Erziehung, und kritisierte das britische Universitätssystem. Sein Schwerpunkt war die Naturphilosophie, in der er die Trennung von Materie und Geist ablehnte.

Wir wissen nicht, ab wann wir von belebt und unbelebt sprechen können. Ist eine Eiweißstruktur belebt? Lebt ein Virus? Besitzt ein Bakterium einen Geist? Oder eine Katze? Oder doch erst ein Menschenaffe? Lebendigkeit, Geistigkeit ... stets haben sie sich selbst zur Voraussetzung, daher ist eine klare Definition nicht möglich.

John Wheeler (1911–2008) hat „Experimente der verzögerten Entscheidung" durchgeführt, die nahelegen, dass die Gegenwart die Vergangenheit beeinflussen kann, was eine extreme Herausforderung an den gesunden Menschenverstand darstellt.[28] Wenn wir dies mit der Brille der Whiteheadschen Philosophie betrachten, ist es allerdings nicht mehr so überraschend. Es sieht auf der Oberfläche des Alltagsverstandes so aus, als würde die Gegenwart die Vergangenheit beeinflussen, da wir naiv unterstellen, dass auf den Ebenen der „impliziten Ordnung", also unterhalb der Schwellen des Planck-Raumes und der Planck-Zeit, die Zeit so verlaufen müsse, wie sie es im konventionellen Rahmen zu tun pflegt. Zeit aber ist unterhalb des oben genannten Schwellenwertes nicht definiert. Was also Vergangenheit und was Zukunft ist, kann in diesem Nicht-Ort mit seiner Nicht-Zeit nicht einfach festgelegt werden. Dies ist nichts weiter als eine Zuschreibung des Alltagsverstandes, der nach seinen gewohnten Regeln funktioniert.[29]

Es ist hier wichtig zu verstehen, dass die Whiteheadsche Interpretation der Quantenmechanik auf der Ebene der Potentialität, also auf der Ebene der Möglichkeiten, keine zeitlich klar definierten „Ereignisse" kennt. Die Potentialitäten der Raumzeit, also ihre möglichen Entwicklungen, verweisen lediglich auf Raum und Zeit, folgen aber auf der Ebene des Aktualisierten, also dessen, was sich tatsächlich zeigt, nicht deren Gesetzen. Im Prinzip kann man auf der Ebene des Potentiellen weder von einer Seinslehre (Ontologie) noch von einer Erkenntnislehre (Epistemologie) sprechen. Alles, was man also deuten kann, ist die geistige Erkenntnis des Beobachters über das mögliche Sein und das mögliche Werden.[30]

Unser Problem ist, dass man mit noch so vielen Aussagen über ein Ding noch lange nicht alles gesagt hat. Selbst die beste Definition dessen, was ein Stein ist, lässt prinzipiell noch unendlich viele Aussagen zu. Immanuel Kant sagte ja, dass man das Ding an sich nicht erkennen kann. Überdies wäre dieses Ding an sich, also das Ding, das komplett beschrieben wäre, außerhalb der Zeit angesiedelt.[31]

Man könnte sagen, dass Platons Ideen für die Zeitlosigkeit der impliziten Ordnung und für das Ding an sich stehen, während Aristoteles' Auffassung für die Zeitlichkeit der expliziten Ordnung und die beobachtbaren Dinge steht. Die Entelechie, die Zielursache, ist somit das Ziel der Schöpfung und kann sich natürlich „energielos" unterhalb der Planck-Schwellen in der Struktur der Zeitlosigkeit verbergen. Wenn nun Experimente nahelegen, dass die Zukunft und die Gegenwart die Struktur der Vergangenheit beeinflussen können, so ist dies nicht weiter unverständlich. Zeitlich festgelegte Abfolgen gelten nämlich auf der Ebene des Dinges an sich nicht. Das Ziel der Schöpfung ist nach dieser Auffassung in der Gesamtbewegung des „Pleromas", das dem Kosmos zugrunde liegt, eingeboren.

Pleroma

Das Wort bedeutet in altgriechischer Sprache so viel wie „Fülle". Gemeint war der Glanz der göttlichen Fülle, von dem alles abstammt. Dies ist ein Gedanke, der sich auch im Johannesevangelium (1,16) findet.

Eine zweite Schöpfung

Die heutige Naturwissenschaft legt besonderen Wert auf die Feststellung, dass aus einem zunächst festgestellten Gleichgewicht, einer Symmetrie, eine Asymmetrie wurde und dass dies für das Werden des Universums entscheidend war. Vielfalt und Strukturierung sind demnach durch kleine Abweichungen von der Gleichmäßigkeit und Symmetrie erklärbar. Aus völliger Ebenmäßigkeit hätte nichts Komplexes hervorgehen können.

Noch einmal seien Guitton und Bogdanov zitiert: „Kurz gesagt, der Kosmos ... ist lediglich der asymmetrische Überrest eines Universums, das einst vollkommen symmetrisch war. Die Energie des anfänglichen Feuerballs war so hoch, dass die vier Wechselwirkungen – die Gravitation, die elektromagnetische Kraft, die starke Kernkraft und die Zerfallskraft – in einer einzigen, vollkommen symmetrischen Wechselwirkung vereinigt waren. Dann ist dieser Feuerball ... in eine Phase der Expansion eingetreten, das Universum hat sich abgekühlt, und die vollkommene Symmetrie ist augenblicklich zerbrochen."[32]

Wir stoßen im Zusammenhang mit der Entstehung des Weltalls immer wieder auf den Begriff der Asymmetrie bzw. des Symmetriebruchs. Lesch und Gaßner schreiben in ihrem Buch *Urknall, Weltall und das Leben:* „Symmetriebrechungen setzen ... sozusagen eine Entscheidung voraus, welche neue Konfiguration unter der Vielzahl von Möglichkeiten nun tatsächlich angenommen werden soll."[33]

Hier verblüfft, jedenfalls für meine Begriffe, das Wort „Entscheidung". Kann, um es banal zu sagen, die Symmetrie sich zur Asymmetrie entscheiden?

An anderer Stelle schreiben die beiden: „Je höher die Symmetrie des Ausgangszustandes und je geringer die Veränderung der äußeren Bedingungen, umso schwieriger gestaltet sich die ‚Entscheidung'."[34]

Wem billigen wir dabei die Entscheidung und die Entscheidungsfindung zu: dem Uratom, dem X-Teilchen, das plötzlich „beschließt", sich zu teilen, seine Einheit zugunsten von Vielfalt zu verlieren? War von Anfang an in dem ersten „Einen" die Vielfalt angelegt?

Halten wir fest: **Der Bruch der Symmetrie zur Asymmetrie ist die Voraussetzung für jedwede Komplexität und damit auch für das Leben.** Damit ist dieser „Bruch" so etwas wie eine zweite Schöpfung. Diese Nicht-Symmetrie muss also bereits in der Symmetrie als Potenz, als Möglichkeit angelegt sein, denn ansonsten würde sie nicht in Erscheinung treten. Was „unmöglich" ist, existiert auch nicht.

Diese zweite Schöpfung ist ähnlich faszinierend wie die erste, die nach Meinung vieler „aus dem Nichts heraus“ erfolgt sein muss. Hier stellt sich die Frage, was dieses „Nichts“ ist? Was unterhalb der Planck-Größen „ist“, ist weder nichts noch „etwas“ im Sinne einer Raumzeit-Existenz. Wirkt Gott aus dieser Sphäre heraus? Ist er das Bewusstsein, das für die Existenz der Phänomene dieser Welt verantwortlich ist? Ist er der Geist, der die notwendige Asymmetrie aus der Symmetrie erzeugt hat?

Wer oder was war denn dafür verantwortlich, dass sich das Universum so entwickelt hat, wie es sich entwickelt hat – bis hin zum Leben hier aus dieser Erde und bis hin zu uns, die wir nun staunend davorstehen und sie mit unserem Verstand zu ergründen versuchen?

Hubert Reeves bringt dieses Staunen so zum Ausdruck: „Entweder geben wir erstens zu, dass in einer Gesamtheit von willkürlichen Parametern die am Anfang unserer Welt ‚ausgewählten' Bedingungen genau die sind, die zur Entfaltung des Bewusstseins führen können; oder wir müssen zweitens die Existenz eines Urprinzips annehmen, das im Kern diese Entfaltung enthält. Ich weiß nicht, welche der beiden Hypothesen die erstaunlichere ist.“[35]

Hubert Reeves

Der kanadische Atom- und Astrophysiker (*1932) war lange Jahre wissenschaftlicher Berater der NASA und arbeitete am renommierten *Centre national de la recherche scientifique* in Paris. Bekannt wurde er durch seine populärwissenschaftlichen Bücher und sein Engagement für den Umweltschutz.

Wenn wir davon ausgehen, dass es unterhalb der Schwellen des Planck-Raumes und der Planck-Zeit eine unendliche Potentialität gibt, die jenseits von Raum und Zeit angesiedelt ist, also stets „weiß“, was Vergangenheit, Gegenwart und Zukunft in sich bergen, so kommt dies dem „allsehenden Auge Gottes“ von der Vorstellung her ziemlich nahe.

„Wann“ der Urknall denn nun stattfand, spielt unter diesem Aspekt keine Rolle mehr. Für eine zeitlose Wesenheit sind nämlich Vergangenheit, Gegenwart und Zukunft stets gleich gegenwärtig.

Musste alles so kommen, wie es gekommen ist?

Wir können hier noch einmal auf die im letzten Kapitel schon angerissene Frage zurückkommen und die Frage stellen: Hat sich der Kosmos nach ehernen, von vornherein festgelegten Gesetzen in die Richtung entwickelt, in die er sich entwickeln „musste“? Pierre-Simon Laplace hätte das bejaht; Isaac Newton ohne Zweifel auch. Aber wie muss man die Sache aus der Sicht der modernen Physik ansehen?

Schon in der Einleitung habe ich erklärt, dass das Bild einer vollständig vorherbestimmten Welt in den letzten hundert Jahren deutliche Kratzer bekommen hat. Auf der atomaren Ebene gelten die Gesetze der klassischen Mechanik nicht. Die kleinsten Teilchen, aus denen sich die Materie aufbaut, verhalten sich beim besten Willen nicht wie Kugeln oder Würfel. Vielmehr ist es nur sehr bedingt sinnvoll, sie überhaupt als Teilchen zu bezeichnen. Anders als bei uns bekannten Körpern ist es nicht möglich, gleichzeitig ihren Aufenthaltsort und ihren Impuls exakt zu bestimmen. Man kann also nicht sagen: Das Elektron wird genau an dieser und jener Stelle auftreffen und dort diese und jene Wirkung ausüben. Vielmehr gibt es immer eine gewisse Unsicherheit und Unschärfe, es bleibt in der Schwebe, „was das Teilchen gerade macht“. Werner Heisenberg hat in seiner „Unschärferelation“ formuliert, dass es sich hierbei nicht um ein Problem der Messgenauigkeit, sondern um eine Eigenschaft der Materie handelt (siehe auch Seite 16).

Der dänische Physiker und Lehrer Heisenbergs Niels Bohr konnte die Grundlage für die Annahme legen, dass sich das Verhalten der Teilchen dabei mithilfe einer Wellenfunktion beschreiben lässt. Elementarteilchen sind damit keine „Teilchen“ im eigentlichen Sinn, sondern haben eine Doppelnatur, sind etwas Unbestimmtes zwischen Teilchen und Welle.

Niels Bohr

Der dänische Physiker und Nobelpreisträger (1885–1962) hat das „Bohrsche Atommodell" entwickelt, eine quantenmechanische Beschreibung der Atome. Er war einer der maßgeblichen Denker der Kopenhagener Deutung der Quantenphysik, also der grundsätzlichen Anerkennung nichtlokaler Phänomene.

Doch es kommt noch besser: Es hat sich herausgestellt, dass man mithilfe bestimmter Versuchsanordnungen die Elementarteilchen sozusagen dazu zwingen kann, diese Unschärfe und Unbestimmtheit aufzugeben, sich wie ein Teilchen zu verhalten und sich eindeutig für eine bestimmte der durch die Wellenfunktion beschriebenen vielen Möglichkeiten zu „entscheiden".

Die schon erwähnten Versuche Wheelers zur „verzögerten Entscheidung" zählen dazu. Was vorher eine Wahrscheinlichkeit war, wird plötzlich im Versuch messbare Realität. Aber warum? Wenn man Whiteheads Prozessphilosophie zurate zieht, lichtet sich das Rätsel. Eine andere Erklärung für das zunächst rätselhafte Phänomen bietet die sogenannte Dekohärenz: Da sich die Wahrscheinlichkeiten als Wellenfunktion ausdrücken lassen, können sie sich auch überlagern. Treffen zwei Wellenberge aufeinander, so ergibt sich eine größere Gesamtwelle. Das kann jedes Kind sehen, wenn es das Wasser in einem Teich beobachtet. Je mehr verschiedene Wahrscheinlichkeitswellen aber im Spiel sind, desto geringer wird die Überlagerung. Daraus ergibt sich: Sind genügend Teilchen mit je einer eigenen Wahrscheinlichkeitswelle vertreten, wird aus den Wahrscheinlichkeiten eine ausgesprochen klare Struktur.

Halten wir aber hier als vorläufiges Ergebnis noch einmal fest: Unter der Planck-Grenze kann man nicht sinnvoll von Raum und Zeit sprechen, aber auch auf der atomaren Ebene sind die aus der klassischen Mechanik bekannten Gesetze und damit auch die Begriffe Ursache und Wirkung nicht anwendbar. Und das ist für unsere Fragestellung höchst interessant. Daher wollen wir an dieser Stelle noch ein wenig „weiterbohren".

Kreatives Chaos

Man könnte nun vielleicht sagen: Ist ja alles schön und recht, aber das hat doch in der Praxis keine Auswirkungen. In der Welt der Kugeln und Würfel, und damit auch im Kosmos, der Welt der Sterne und Planeten, kommt man doch immer noch mit der guten alten Mechanik eines Isaac Newton bestens zurecht. Doch das stimmt nicht ganz.
Ja, die Flugbahnen von Fußbällen und auch Raketen kann man damit für den Alltagsgebrauch ganz gut berechnen, aber Poincarés topologische Berechnungen zum Dreikörper-Problem (siehe Seite 49) haben gezeigt, dass man die Quantenmechanik gar nicht bemühen muss, um zu einer prinzipiellen Unberechenbarkeit von Naturphänomenen zu gelangen. Was Poincaré bewiesen hat, führte in der Wissenschaftsgeschichte zu der sogenannten „Chaostheorie", also einer Theorie, die streng statistisch auf der Makroebene funktioniert. Der Stachel der Unberechenbarkeit sitzt also auf mehreren Ebenen, und er sitzt tief.
Zum einen gibt es die Ebene der Möglichkeiten unter der Planck-Grenze, auf der man so wenig festgelegte Gesetze hat, dass es auf der Ebene der Verwirklichung sogar zu Phänomenen der „eingefrorenen" Zeit (Quanten-Zeno-Effekt, siehe Seite 34 f.) oder der „Zeitumkehr" kommen kann. Wie gesagt, die tiefere Ebene der Möglichkeiten kennt keine genaue zeitliche Abfolge, weshalb es denkbar ist, dass Informationen zu einem Zeitpunkt in das System eingespeist werden, an dem sie nach den Gesetzen des sichtbaren Kosmos gar nicht vorhanden sein dürften.
Des Weiteren handelte es sich in den ersten Sekunden nach dem Urknall, die oben gerade betrachtet wurden, um Prozesse, die sich tatsächlich auf Elementarteilchen-Ebene abspielten. Damit muss man davon ausgehen, dass sie nicht nach den klassischen Gesetzen von Ursache und Wirkung funktionierten. Diese nichtklassischen „spukhaften Gestalten", wie es Einstein nannte, bestehen nach wie vor auf der atomaren Ebene. Man könnte nun annehmen, Vorgänge auf Mikroebene hätten keinen Einfluss auf die großen Dinge dieser Welt. Wir werden zeigen, wie fragwürdig diese naive Annahme ist.
Es lässt sich mathematisch beweisen, dass auch auf der Makroebene in einem komplexen System schon minimal veränderte Ausgangsbe-

dingungen dazu führen können, dass es sich in eine komplett andere Richtung entwickelt.[36] In jedem scheinbar noch so stabilen System ist potenziell der Ansatz zum Chaos enthalten. Durch Wechselwirkungen zwischen seinen einzelnen Bestandteilen kann es aufgrund eines minimalen Anlasses plötzlich dazu kommen, dass sich ein bestehendes Gleichgewicht auflöst. Diese Erkenntnis wurde populär sehr anschaulich so formuliert: Der Flügelschlag eines kleinen Schmetterlings kann unter Umständen einen Orkan auslösen.

Aus der Diskussion der letzten Jahre über die Entwicklung des Weltklimas kennt auch der physikalische Laie den Begriff der „Kipp-Punkte": den Moment, in dem irgendein Temperatur- oder sonstiger Wert über- oder unterschritten wird und dadurch Prozesse, die über Jahrhunderte oder Jahrtausende oder noch länger stabil waren, plötzlich nicht mehr funktionieren – oder aber ganz anders funktionieren. Hier handelt es sich um das gleiche Phänomen.

Insofern ist es eine Gespensterdebatte, das Weltklima auf die nächsten Jahrhunderte vorherberechnen zu wollen. Dieser Irrtum herrscht noch immer vor. Die hochkomplexen gekoppelten Differentialgleichungssysteme, die dazu notwendig sind, unterliegen genau denjenigen Grenzen, die Poincaré aufgezeigt hat. Die Rechenmodelle der Klimaforscher werden in der Praxis „normalisiert", das heißt, es werden Zahlen eingesetzt, die dem jeweiligen Forscher plausibel erscheinen. Dass diese Plausibilität von den verschiedensten gesellschaftlichen, monetären und persönlichen Faktoren des jeweiligen Forschers abhängig ist, dürfte ohne weitere Debatte klar sein. Aber dennoch, da es aktuell, allzu aktuell ist, soll an dieser Stelle der Wissenschaftstheoretiker Paul Feyerabend zu Wort kommen: „Beginnen wir mit der Bemerkung, dass Fachleute oft verschiedene Meinungen haben und zu verschiedenen Ergebnissen kommen, und zwar sowohl in grundlegenden Dingen als auch in Fragen der Anwendung ... Da finden wir zwei, drei, fünf verschiedene Meinungen und wissenschaftliche Verteidiger für jede einzelne von ihnen. Gelegentlich fühlt man sich fast geneigt zu sagen, so viele Wissenschaftler, so viele Meinungen. Es gibt natürlich Gebiete, in denen die Wissenschaftler alle einer Ansicht sind. Das kann aber unser Vertrauen nicht erhöhen. Einmütigkeit unter Wissenschaftlern ist oft das Ergebnis einer politischen Entscheidung: Abweichler werden unterdrückt, oder sie schweigen, um das Ansehen der Wissenschaften als einer Quelle vertrauenswürdiger und fast unfehlbarer Kenntnisse nicht zu kompromittieren. Denn wieder ist die Einheit des Urteils ein Ergebnis gemeinsamer Vorurteile: Man macht gewisse grundlegende Annahmen, ohne sie genauer zu untersuchen, und trägt sie mit derselben Autorität vor, die sonst nur der Detailforschung zukommt."[37]

Wenn man sich die Debatten um das Waldsterben, das Ozonloch, den Klimawandel und um die Sinnhaftigkeit von Maßnahmen zur Eindämmung von Pandemien ansieht, so bleibt einem das ironische Lachen im Halse stecken. Obwohl allgemein bekannt ist, dass Prognosen schwierig sind, vor allem, wenn sie sich, um es scherzhaft zu sagen, auf die Zukunft beziehen, gehen wissenschaftliche Debatten in der Öffentlichkeit meist darum, wer recht behält. Manchmal fühlt man sich an die scholastischen Debatten des Mittelalters erinnert, etwa wie viele Engel denn auf der Spitze einer Nadel Platz hätten. Obzwar man sogar zeigen kann, dass die Gegenwart die Vergangenheit beeinflussen kann, glaubt man nach wie vor an den Laplaceschen Dämon, also dass man sich auf eine berechenbare Zukunft zubewege.

Prognosen sind also für alle Modi der Zeit schwierig. Sollten die Geschichte und damit die Wissenschaftsgeschichte etwa das sein, was Voltaire in ihnen sah? Er bezeichnete sie als diejenige Lüge, auf die man sich geeinigt habe.

Umschwünge im Verlauf der Zeit kommen meist heftig und ohne berechenbare Vorzeichen. Das Interessante daran: Es ist praktisch unmöglich, solche plötzlichen Brüche zu prognostizieren. Zwar folgen die einzelnen Bestandteile eines Systems festen Regeln, aber die Bestandteile sind so zahlreich und ihre Ausgangszustände so komplex, dass der leistungsfähigste Rechner der Welt nicht in der Lage wäre, rechtzeitig hundertprozentig zuverlässige Daten darüber auszuspucken. Die Wirklichkeit würde ihn während seiner komplizierten Rechenoperationen schlicht und ergreifend überholen.

Man muss sich allerdings davor hüten, das „Chaos" einseitig als negative Erscheinung zu betrachten. Denn Chaos führt in der Natur immer wieder dazu, dass sich Neues bildet, dass sich neue Gleichgewichte einstellen und Dinge entstehen, die niemand erwartet hätte. Chaos ist höchst kreativ.

Das kann man an einer Eigenschaft der Ungleichgewichtsthermodynamik (ein anderer Begriff für Chaostheorie) zeigen, den fraktalen Dimensionen der Wirklichkeit. Eisblumen, Küstenlinien, Meereswellen zeigen ihre Schönheit nicht etwa aufgrund der Regelmäßigkeit, nein, es sind Brüche und Unregelmäßigkeiten, die den Reiz der Natur ausmachen.[38]

Als die Wissenschaftler die Formeln der chaotischen Prozesse in ihre Computer programmierten, entdeckten sie, dass diese aussahen wie Naturdinge: Küstenlinien, Tigerstreifen, Zebramuster, Blütenkelche, Arabesken ... Die Geometrie dieser Dinge war fraktal, das heißt gebrochen. Küstenlinien hatten nicht etwa die Dimension einer Linie, das wäre 1, und auch nicht die Dimension einer Fläche, also 2. Die Zahl, die nach dem chaotischen Formelwerk zur Küstenlinie führte, war die 1,2 – ein Bruch, daher der Name „fraktale Geometrie".

Vom Blitz bis zu chemischen Prozessen, die so regelmäßig von einem Zustand in einen anderen umschlagen, dass sie als „chemische Uhr" bezeichnet werden, folgt alles Wirkliche fraktalen Dimensionen. Besonders interessant ist, dass gerade die Übergangsphänomene vom nicht Lebendigen zum Lebendigen sich, was ihre zeitliche Struktur betrifft, fraktal beschreiben lassen. Die Abgrenzung der beiden Bereiche, also zwischen lebendig und nicht lebendig, ist nahezu unmöglich: von der Organisation eines Strudels über die DNA-Replikation bis hin zur zyklischen Struktur der Reproduktionsphasen von Schleimpilzen. Wir haben es hier mit den von Ilya Prigogine so genannten „dissipativen Strukturen" zu tun. Es sind Phänomene des Chaos und der Gebrochenheit.[39]

Ilya Prigogine

Der Physiker, Chemiker, Philosoph und Nobelpreisträger (1917–2003) entdeckte die sogenannten dissipativen Strukturen: einfache chaotische Strukturen, aus denen heraus sich komplexe Systeme der Ordnung aufbauen.

Die geschilderten Zusammenhänge sind die Ursache dafür, dass man in der Entwicklung des Universums und unserer Welt im engeren Sinne immer wieder einmal „Sprünge" erkennen kann, nach denen eine ganz neue Entwicklungsstufe erreicht wird. An diesem Punkt wartet die nächste interessante Frage.

Alles nur Zufall?

Bei manchen Naturwissenschaftlern der Gegenwart kann man eine Argumentations-Mode beobachten: Die Welt, in der wir leben, habe sich „durch Zufall" so entwickelt, wie sie sich entwickelt hat. In dieser Richtung könnte man die gerade angestellten Überlegungen tatsächlich interpretieren.
Hier gilt es zunächst etwas Grundsätzliches zu klären: was unter „Zufall" überhaupt zu verstehen ist.
Zufälle sind etwas Seltenes. Wir nennen es Zufall, wenn zwei oder mehr Ereignisse in einem bestimmten Augenblick zusammentreffen. Vielleicht denkt man gerade an jemand Bestimmten oder redet von ihm, und genau in diesem Augenblick biegt er um die nächste Ecke. Oder das Telefon klingelt und er ruft an. Zufälle ereignen sich, geschehen, passieren. Sie kommen ohne eine Planung zustande. Sie lassen sich nicht herbeiführen, nicht konstruieren. Dadurch gewinnen sie etwas Geheimnisvolles, Rätselhaftes. Insofern kann man die Frage stellen, ob dadurch, dass man den „Zufall" bemüht, die Rätsel unserer Welt nicht noch rätselhafter werden.
Eigentlich passt der Zufall gar nicht in unsere Zeit, in der der Mensch immer mehr glaubt, alles in den Griff zu bekommen, die Welt immer planbarer und konstruierbarer machen zu können. Doch obwohl niemand mehr etwas gern dem Zufall überlässt, spielt genau der Zufall eine große Rolle bei der Erklärung unserer Welt. Gerade für jene, die im Namen der Vernunft und Aufklärung Gott als Schöpfer der Welt, als mehr oder weniger geheimnisvolle letzte Ursache, aus dem Denken herausgenommen haben, ist der Zufall an seine Stelle getreten. So bekommt er von einigen Naturwissenschaftlern eine geradezu allumfassende Autorisierung: Er wird jetzt zum Schöpfer und Herrn der gesamten Welt erklärt. Oft billigt man ihm eine Menge an Zeit

zu, die er ja offenbar zur Verfügung gehabt haben muss. Aber auch wenn man eine fast unvorstellbare Menge Zeit vom „Urereignis" bis zum heutigen Tag annimmt, erscheint der Zufall als Schöpfer und Gestalter einem sauberen naturwissenschaftlichen Denken als das Unwahrscheinlichste schlechthin.

Machen wir ein Gedankenexperiment. Angenommen, man würde Baumaterial an einen bestimmten Platz schaffen: Steine, Zement, Holz, Glas und was man noch braucht – das Ganze im Vertrauen, irgendwann würde schon ein Haus daraus entstehen. Durch Sturm, Erdbeben – oder durch welche Kräfte und Mächte der Welt auch immer. Jeder würde den, der so bauen wollte und dies der Zeit überließe, als absoluten Wirrkopf bezeichnen. Überlegen wir aber, dass die einfachste Pflanze ungleich komplizierter aufgebaut ist als irgendein Haus, dass diese noch dazu „Lebensprozesse" vollzieht und dass für den Zufallshausbau ja auch jemand die Materialien herbeischaffen muss. Wenn wir das alles in Rechnung stellen, wird der Zufallsglaube in seiner Unwahrscheinlichkeit noch größer.

Der amerikanische Biophysiker Harold Morowitz (1927–2016) etwa macht dazu eine interessante Aussage: „Zufällig ablaufende Ereignisse können nicht zur Entstehung des Lebens geführt haben, jedenfalls nicht in der verfügbaren Zeit."[40]

Ich will mich aber jetzt gar nicht weiter auf Mathematik oder Logik stützen, sondern die Überlegungen zum Zufall auf der literarischen Ebene fortsetzen.

Im Folgenden sollen noch zwei meiner eigenen Geschichten zum Nachdenken über dieses Thema anregen.

Andrea und der Zufall

Eigentlich hätte Andrea schon längst ins Bett gehen sollen, aber sie wollte es diesmal auskosten. Es war nämlich Besuch da. Und den Onkel Werner mit seiner Frau mochte sie besonders gern, weil er immer so lustig war. So saß sie eben abends dabei und bekam einiges vom Gespräch der Erwachsenen mit.

Heute ging es um ein ganz interessantes Thema. Irgendwie merkte sie, dass sich Onkel Werner, der sonst immer eine lustige Bemerkung auf den Lippen hatte, heute in etwas hineinsteigerte. „Ich verstehe gar nicht", sagte er immer wieder, „dass in unserer aufgeklärten Zeit immer noch so ein Blödsinn erzählt wird. Dabei ist das heute alles schon naturwissenschaftlich erwiesen. Schöpfung, wenn ich das schon höre. Das hat uns damals unser Religionslehrer auch erzählt, mit den sieben Tagen und dann das mit dem Adam und der Eva. Man sollte den Kindern in der Schule schon sagen, wie das wirklich war. Ein Urknall war es, und alles war Zufall, reiner Zufall. Zufall auch, dass wir hier sind. Bin ich froh, Gott sei Dank, dass ich keinen solchen Blödsinn glaube wie die anderen."

Es entspann sich noch ein sehr ernstes Gespräch, aber Andrea war dann doch zu müde und ging ins Bett. Das Ganze ließ ihr aber keine Ruhe. Am nächsten Tag fragte sie gleich den Vater, wie das denn sei und ob das wirklich alles falsch sei, was sie im Religionsunterricht gelernt hätten.

„Stimmt das, Papa", meinte sie, „dass das alles Zufall war?"

Der Vater schaute ernst und antwortete: „Dann schau dich einmal um, was du alles siehst. Schau mal aus dem Fenster. Der blühende Baum, die Libelle, die da hinten über dem Wasser schwebt. Hörst du die Vögel pfeifen? Glaubst du, dass das alles wirklich zufällig ist?"

„Ich weiß nicht", meinte Andrea, „Onkel Werner hat von einem Knall gesprochen, und vielleicht war wirklich nur ein Knall am Anfang, und danach ist halt alles so geworden."

Da merkte der Vater, dass er mit seinen Worten gar nicht so viel erklären konnte. „Pass auf", sagte er, „heute Nachmittag fahren wir ein wenig hinaus, da will ich dir etwas zeigen. Nimm aber deine Malstifte und den Block mit!"

Die ganze Familie fuhr in die nahe gelegenen Berge und machte eine kleine Wanderung. Als sie an einer Hütte mitten in einer großen Wiese angelangt waren, sagte der Vater: „Nimm mal deinen Block heraus und versuch die schöne Landschaft zu zeichnen!"

Andrea tat das gerne, denn sie war eine recht gute Zeichnerin. Bald hatte sie ein wunderschönes Bild gezeichnet.

„Großartig", rief der Vater, „großartig, aber ich mach's mir leichter. Ich überlasse alles dem Zufall. Pass einmal auf!" Er löste Andreas Blatt aus dem Block, legte einfach die Stifte auf die nächste Seite und sagte: „So, wir geh'n jetzt weiter. Auf dem Rückweg kommen wir dann wieder vorbei. Heute geht ein leichter Wind. Vielleicht bringt er die Stifte in die richtige Stellung, und es entsteht dann auch ein schönes Bild."

Andrea begann furchtbar zu lachen: „Du glaubst doch nicht im Ernst, dass ein schönes Bild entsteht, wenn du die Stifte einfach auf den Block legst."

„Ach was", meinte der Vater, „der Zufall hat die großartige Erde schaffen können, dich und alle Berge mit den Wiesenblumen und den Tieren. Warum sollte er es dann nicht auch schaffen, so ein kleines Gemälde herzustellen? Aber schau her, ich will dir jetzt noch etwas anderes zeigen. Siehst du, was ich da mitgenommen habe?"

Andrea schaute gespannt, was der Vater aus seiner Rocktasche zog. Es war eine Astgabel mit einem Gummi dran.

„Was ist denn das?", wollte sie wissen.

„Das habe ich vor kurzer Zeit gebastelt. Es ist eine Steinschleuder. Schau her!" Der Vater suchte einen kleinen Stein, lud damit die Schleuder, spannte den Gummi und zielte auf eine Blechbüchse, die am Wegrand lag. Klack, machte es, und der Vater hatte sie getroffen. Da lachte er stolz. „Als Bub konnte ich ausgezeichnet mit der Steinschleuder umgehen. Ich hab' sogar Kastanien vom Baum heruntergeschossen. – Aber ich will dir etwas ganz anderes zeigen. Sieh mal her", sagte er, „auf den Felsen dort lege ich jetzt einen Stein, und dann werde ich mit der Steinschleuder auf ihn zielen. Ich möchte nämlich da unten ein Haus bauen."

Andrea schaute ihren Vater ganz groß an. „Du willst ein Haus bauen? Was hat denn das mit der Schleuder und dem Stein zu tun?"

„Nun, ich habe mir folgendes überlegt", sagte der Vater. „Wenn ich den Stein treffe, rollt er vielleicht weiter und trifft auf einen größeren Stein. Der könnte zufällig auf einen noch größeren treffen und dieser auf mehrere Felsbrocken, die alle ins Rollen geraten. Vielleicht rollen sie durch Zufall ins Tal, und vielleicht rollt einer in eine große Ziegelei. Es könnte ja zufällig eine drunten sein."

„Eine Ziegelei, was ist denn das?", wollte Andrea wissen.

„Ach, das ist so eine Fabrik, in der aus Ton Ziegelsteine hergestellt werden, die man für den Hausbau braucht."

„Und was soll dann passieren?", fragte die Tochter weiter.
„Es könnte ja sein", fuhr der Vater fort, „dass ein Felsbrocken zufällig in eine Menge aufgeschichteter Ziegel fällt, und durch Zufall würden durch den Aufprall die Ziegelsteine sich zu einer Mauer, zu vier Mauern zusammenfügen. Aber dem nicht genug, es könnte auch sein, dass ein zweiter Felsbrocken in eine Zementfabrik fällt, die eben auch zufällig in der Nähe ist. Da steht zufällig gerade ein großer Zementtrog. In diesen platscht jetzt unser Felsbrocken. Rein zufällig spritzt der Zement so weit, dass er zwischen die aufgeschichteten Steine gerät, so dass die Ziegelsteine zu einer richtig festen Wand werden, ja, dass schon fast ein kleines Haus entsteht."
Andrea schüttelte nur ungläubig den Kopf. „So ein Unsinn!"
„Was heißt da Unsinn?", provozierte der Vater. „Zufall ist das. Das hast du doch von Onkel Werner gehört."
„Ein schöner Zufall ist das. So viele Zufälle gibt es nicht. Du meinst wohl, ich glaube alles", entgegnete Andrea.
„Du glaubst dann nur das, was Onkel Werner auch glaubt", erklärte der Vater. „Eigentlich sogar viel weniger, denn schau dir nur einmal diesen Baum an. So ein Baum, wenn du genau hinschaust, ist ein viel größeres Kunstwerk als ein fertig gebautes Haus. Überleg einmal! Der Baum ist aus einem kleinen Samen entstanden. Jedes Jahr bekommt er im Frühjahr frische Blätter, und jedes dieser Blätter ist wieder ein Kunstwerk. Er beginnt zu blühen und bringt Früchte hervor, in denen wieder Samen stecken. Aus jedem Samen kann wieder ein so prächtiger Baum wachsen. Du hast doch im Biologieunterricht schon einiges über Bäume gehört, wie alles funktioniert, lebt und sinnvoll ist. Glaubst du wirklich, dass auch nur ein Blatt dieses Baumes ein reines Zufallswerk ist?"
„Was bedeutet dann das mit dem Knall?", wollte Andrea wissen.
„Wir alle wissen natürlich nicht ganz genau, wie es damals war, was wirklich bei der Schöpfung geschah. Vielleicht hat es auch einen Knall gegeben, damals am Beginn der Zeit", versuchte der Vater zu erklären.
„Und wer hat den Knall verursacht?", bohrte Andrea jetzt weiter.
„Das weißt du eigentlich ganz genau, Andrea", sagte darauf der Vater, „jemand, der sehr genau gezielt hat, der alles schon im Visier hatte. Und ich glaube sogar, dass er nicht nur einfach gezielt hat,

sondern dass er auch ganz gut aufpasst, dass alles ans richtige Ziel kommen wird. Diese ganze große Welt, aber auch du und ich. Und auch der Onkel Werner.“
Andrea sah sich an diesem Tag alles, was ihr begegnete, besonders genau an. Man konnte den Eindruck haben, sie würde vieles neu und mit anderen Augen sehen.

Cucino und der Zufall

Im Kloster war hoher Besuch angesagt. Francesco Ferrero, der Bürgermeister der großen Stadt, hatte sich zu einem Festmahl angesagt. Dieser Mann war nicht nur ein bedeutender Staatsmann, sondern auch ein nicht unbekannter Dichter von bissigen Satiren und gleichzeitig ein Freigeist. Wegen seines Charmes nannten ihn viele einfach „das Küsschen“.
Ferreros Kommen hatte einen besonderen Grund: Ihm war der kulinarische Ruhm von Pater Cucino, der für die Küche der Abtei verantwortlich war, nicht unbekannt geblieben.
Da saß er nun vor den herrlichen Speisen, die Cucino zubereitet hatte, und schnalzte ein ums andere Mal mit der Zunge. „Ich habe ja schon viel Herrliches gegessen. Aber das, was Ihr mir heute vorgesetzt habt, übertrifft alles Bisherige mit weitem Abstand. Hochwürdiger Abt, könntet Ihr mir nicht den Meister aller Meister, der diese Gerichte zubereitet hat, an den Tisch bringen?“
„Das will ich gerne tun“, meinte der Abt. „Aber Cucino möchte Euch eine besondere Delikatesse zubereiten und agiert noch in der Küche.“
„Ach was!“, rief Ferrero, „er soll sich eine kleine Pause gönnen. Auch ich lege eine solche Pause ein, damit ich die bisherigen Köstlichkeiten noch besser in mir wirken lassen kann.“
„Also, ich will es versuchen“, rief der Abt und kam tatsächlich nach kurzer Zeit mit Cucino an den Tisch zurück.
Ferrero lief auf ihn zu und umarmte ihn. „Meister aller Meister“, rief er, „es wäre mir eine besondere Ehre, wenn Ihr Euch zu einem kleinen Gespräch an meine Seite setzen wolltet.“

Das tat Cucino auch gerne, und es entspann sich bald eine rege Unterhaltung, zunächst über Essen und Trinken und leibliche Genüsse. Doch bis man sich recht versah, waren die beiden in hochphilosophische Gespräche verstrickt, wobei es Ferrero nicht lassen konnte, seine spöttischen Bemerkungen auf Theologen loszuwerden.

„Wisst Ihr, was ein Theologe ist?", lachte er. „Das ist einer, der in einem dunklen Raum nach einer schwarzen Katze sucht, die überhaupt nicht vorhanden ist, und plötzlich ruft: ‚Ich hab' sie.' – Ich will Euch aber nicht zu nahe treten, verehrter, lieber Cucino, denn Euch verdanke ich ja fürwahr einen der größten Genüsse meines bisherigen leiblichen Daseins – geradezu göttliche Freuden, wenn ich mit dem Wort ‚göttlich' etwas anfangen könnte. – Wisst Ihr", fuhr er fort, „ich habe mir so meine eigene Philosophie und Wissenschaft zurechtgelegt und glaube, dass ich damit am besten fahre. Für mich gibt es zwei feste Größen. Die eine ist die Zeit und die andere der Zufall. Durch Zeit und Zufall wird alles möglich, alles, was Ihr hier seht. Der Himmel, die Sterne, die Sonne, der Mond, unsere Erde mit ihren Pflanzen und Tieren und auch Ihr und ich, lieber Cucino, sind nichts anderes als ein Produkt aus Zeit und Zufall. – Aber Ihr wolltet mir doch noch eine besondere Köstlichkeit, Eure Spezialität, das sogenannte ‚Culinarum divinum', vorsetzen. Wir können uns anschließend weiter unterhalten."

Cucino stand auf und ging in seine Küche. Nach kurzer Zeit kam er mit einer großen Schale wieder, die mit einem Deckel versehen war. Neugierig hob Ferrero den Deckel.

„Was soll ich denn damit?", rief er verwundert aus. „Da liegen verschiedene Kräuter herum, ein paar Stücke rohen Fleisches. Da ist sogar eine ungeschälte Kartoffel, und das ist wohl eine Aubergine? Wollt Ihr mir die Zutaten für Euer ‚Culinarium' vorstellen?"

„Nein, nein", rief Cucino, „das ist es schon."

„Aber", rief Ferrero, „Ihr werdet doch nicht erwarten, dass ich dieses Zeug da in dem Zustand in mich hineinschlinge?"

„Nicht sofort", lachte Cucino, „lasst Euch ruhig etwas Zeit. Denn durch Zeit und Zufall wird bestimmt das herrlichste Gericht entstehen, das Ihr jemals gegessen habt. Ich habe über Eure Philosophie nachgedacht und bin zu dem Entschluss gekommen, künftig nicht mehr zu kochen, zu würzen und zuzubereiten. Ich werde alles ganz allein der Zeit und dem Zufall zu überlassen. Wenn ich mir nämlich diese Welt anschaue mit ihren herrlichen Bäumen, Blumen, Früchten und so netten Leuten wie Euch, und weiß, dass das alles durch Zeit und Zufall entstanden ist – dann kann ich längst nicht so gut kochen wie diese beiden Küchenmeister." Cucino schmunzelte. „Aber falls Euch die Zeit zu lang wird und der Zufall ausbleibt, habe ich noch einmal nach der traditionellen Methode vorgesorgt." Sprach es und stellte dem verblüfften Ferrero das prächtige „Culinarium divinum" auf den Tisch.

Schöpfung und Spiel

Aus den vorhergehenden Überlegungen ergibt sich also, dass das Universum, das eine solche Vielfalt und Komplexität hervorgebracht hat, hochgradig schöpferisch ist. Es „erfindet" immer wieder ganz Neues und ist dabei in keiner Weise vorausberechenbar.

Es stellt sich nun die Frage, ob die Wissenschaft bereits versucht hat, dem Phänomen des „blinden Zufalls" hinter den Gestalten der Natur auf die Schliche zu kommen – oder ob man es dabei belässt, sich an deren Ästhetik zu erfreuen, ohne näher bestimmen zu wollen, ob ein ordnender Geist im „Zufall" stecken könnte. Der deutsche Nobelpreisträger für Chemie Manfred Eigen (1927–2019) hat mit seiner Schülerin Ruthild Winkler dazu klar Stellung bezogen: „Es war die Energie des Urknalls, die alles in Bewegung setzte, die die Materie durcheinanderwirbelte, um sie nie wieder zur Ruhe kommen zu lassen. Ordnende Kräfte suchten das Auseinanderstreben einzufangen, den Zufall zu zähmen. Doch was sie schufen ... ist die Ordnung des Lebendigen. Der Zufall ist von Anbeginn unabdingbarer Widerpart der regelnden Kräfte.

Zufall und Regel sind die Elemente des Spiels. Einst von Elementarteilchen, Atomen und Molekülen begonnen, wird es nun von unseren Gehirnzellen fortgeführt. Es ist nicht der Mensch, der das Spiel erfand. Wohl aber ist es ‚das Spiel, und nur das Spiel, das den Menschen vollständig macht'."[41]

Eigen und Winkler sehen im Spiel des Zufalls mit den Naturgesetzen nicht einen Beweis der Nichtexistenz Gottes, sondern einen klaren Auftrag an die Weltreligionen, sich mit diesen Gedanken konstruktiv auseinanderzusetzen.[42]
Der bekannte Psychoanalytiker C. G. Jung hat mit dem Physiker und Nobelpreisträger Wolfgang Pauli einen bahnbrechenden Dialog geführt, der zum Thema passt.[43] Zwei der profundesten Denker aus Physik und Medizin haben sich dem sinnerfüllten Zufall gewidmet. Sie gaben ihm den Namen Synchronizität.
Jung hat seine Überlegungen in dem tiefschürfenden Werk *Psychologie und Alchemie* niedergeschrieben, das auf der Psychoanalyse eines „wissenschaftlich gebildeten jungen Mannes" basiert. Der junge Mann war – ebendieser Wolfgang Pauli.

Wolfgang Pauli

Der geniale österreichische Physiker und Nobelpreisträger (1900–1958) schrieb bereits als 19-Jähriger einen Aufsatz über Einsteins Relativitätstheorie. Er entdeckte das sogenannte Ausschließungsprinzip in der Quantenmechanik, das grundlegend den Aufbau der Materie erklärt. Pauli war wegen eines Alkoholproblems und Problemen im Umgang mit Menschen Patient bei C. G. Jung, mit dem zusammen er das Problem der Synchronizitäten bearbeitete.

Pauli und Jung tauschten sich während annähernd drei Jahrzehnten aus und behandelten Themen rund um das „psychophysische Problem". Es ging darum, den Zusammenhang zwischen Geist und Materie zu verstehen.[44] Materie und Psyche sollten einer einheitlichen Betrachtungsweise unterzogen werden, sodass sich ein Raum eröffnet, der Phänomenen einen Platz bietet wie beispielsweise den „zufälligen Telefonanrufen", die genau zu dem Zeitpunkt stattfinden, wenn der Angerufene an den Anrufer denkt.

Nach Jungs Schülerin Marie-Louise von Franz unterliegen Zahl und Zeit einer Wirklichkeit, die jenseits von Materie und Geist angesiedelt ist.[45] Zeit und Zahl haben Qualität, was in der modernen Auffassung geflissentlich übersehen wird. Diese Qualitäten werden in Phänomenen sichtbar, in denen statistisch zufällig miteinander auftretende Ereignisse durch eine sinnhafte Struktur miteinander verbunden sind.
Ein Beispiel hierfür ist das sogenannte „Skarabäus-Ereignis" aus Jungs psychotherapeutischer Praxis. Die Patientin war eine junge, sehr rationalistische und intellektuelle Frau, mit deren Behandlung der Psychoanalytiker nicht recht vorankam. Die besserwisserische Art der jungen Frau erschwerte die Therapie, sodass Jung auf ein irrationales Ereignis hoffte, das ihm zu Hilfe kommen sollte.
Und tatsächlich: Eines Tages stand Jung am Fenster seines Behandlungszimmers und lauschte den Schilderungen der Frau über einen ihrer Träume des Vorabends, in dessen Verlauf ihr jemand einen goldenen Skarabäus zum Geschenk machte. Während sie noch erzählte, hörte Jung ein Geräusch am Fenster. Er öffnete es, und hereingeflogen kam ein Gemeiner Rosenkäfer, Cetonia aurata. Er gehört zu den Skarabaeiden und ähnelt mit seiner goldgrünen Farbe sehr einem Skarabäus. Jung überreichte den Käfer der Patientin mit den Worten: „Hier ist ihr Skarabäus". Das brach in der Tat deren intellektuellen Widerstand. Jung konnte die Behandlung mit Erfolg zum Abschluss bringen.[46]

Carl Gustav Jung

Der Schweizer Tiefenpsychologe (1875–1961) entdeckte die sogenannten „Archetypen": psychische Grundstrukturen, die sich in bestimmten Bildern in menschlichen Kulturschöpfungen und auch in Träumen und Visionen wiederfinden lassen. Überdies entwickelte er das Konzept der „Synchronizität": Dinge, die in einem Zusammenhang stehen, der nichts mit Kausalität zu tun hat. Etwa dass eine Uhr zum Todeszeitpunkt ihres Besitzers stehen bleibt.

Wenn man die Großartigkeit allein der Phänomene auf unserem Planeten ansieht – und einen goldschillernden Rosenkäfer kann man getrost dazuzählen –, dann kann man sie nur bewundern. Daher ist eine Auffassung abzulehnen, die hinter alledem nur den blinden Zufall als treibende Kraft sieht. Vielmehr scheinen dahinter eine Intelligenz und ein Wille zu stehen.
Lässt sich durch den Tanz der Erscheinungen dieser Welt hindurch ein Schöpfergott erahnen?
Es sieht jedenfalls nicht so aus, als ob er mit dem Universum einfach eine gewaltige Maschine geschaffen und in Gang gesetzt hätte. Eine Maschine, deren Funktionieren vorherbestimmt ist und der er, wenn man so sagen darf, nach Abschluss der Schöpfungsarbeit Däumchen drehend zusieht.
Vielmehr scheint unser Universum tatsächlich so etwas wie Freiheit zu kennen, es ist anscheinend in der Lage, sich mehr oder weniger „spontan" in die eine oder andere Richtung fortzuentwickeln. Hier ein spektakulärer, über das bloß Naturwissenschaftliche hinausgehender Gedanke: Spielt Gott fortlaufend mit ihm, oder hat er es gar mit einer Eigendynamik ausgerüstet, die er selbst voll Spannung – und manchmal sogar mit Überraschung – verfolgt?

Die Vielfalt und die Dreifaltigkeit

Kehren wir zurück zum eigentlichen Thema dieses Kapitels: der Vielfalt und Komplexität. Wenn wir schon einmal mit der theologischen Spekulation begonnen haben, könnten wir fragen, wie Gott auf die „Idee" mit der Vielfalt gekommen ist. Werfen wir dazu einen Blick in die Theologie, die vielleicht ein Bild für die Naturwissenschaft liefern kann. Könnte man nicht vielleicht annehmen, dass in dem einen Gott seit Ewigkeit her das Vielfältige enthalten war?
Dazu sollten wir die in vielen christlichen Konfessionen gültige Lehre von der Dreifaltigkeit näher betrachten.
Seit dem vierten Jahrhundert gilt für Gott Vater, Jesus Christus und den Heiligen Geist die Formel: „ein Wesen – drei Personen". Gott ist eine Einheit, aber gleichzeitig eine Dreiheit. Drei Personen, die in der Lage sind, ein Gespräch miteinander zu führen?

Papst Benedikt XVI. schreibt dazu, es gebe „ein Wir in Gott ... Die Entdeckung des Dialogs im Inneren Gottes führte dazu, in Gott ein Ich und ein Du anzunehmen ...".[47]
Demnach wäre also der *logos*, das „Wort", das nach dem Johannesevangelium am Anfang war, kein einsamer Monolog, sondern ein Dialog, ja Trialog. Und wo wäre der Sinn eines Gespräches, wenn die Antwort auf jede Frage von vornherein feststünde?
Hier hätten wir also einen möglichen Ansatz, wie sich die enorme Dynamik dieses Schöpfergottes erklären ließe. Bereits Mitte der 80er-Jahre schrieb der Münchner Professor für Religionswissenschaft Michael von Brück: „Die trinitarische Dimension des Vaters ist die Erfahrung des Ursprungs des Seins, die Dimension des Sohnes ist die Erfahrung der Wirklichkeit des Seins, die Dimension des Geistes ist die Erfahrung der Erneuerung des Seins im kreativen Akt. Die drei Dimensionen lassen Gott über allem (epì panton), durch alles (dià panton) und in allem (en pasin) erscheinen (Eph. 4,6)."[48]
Diese etwas komplexen Gedanken legen die Interpretation nahe, dass der Vater die Vergangenheit, der Sohn die Gegenwart und der Geist die Zukunft repräsentieren. Im Selbstgespräch der drei göttlichen Personen sind also auch die drei Modi der Zeit miteinander im Gespräch. Der erste innere Dialog ist also ein Selbstgespräch Gottes, in dem die Vergangenheit mit der Gegenwart und der Zukunft spricht. „Dialog" heißt in der ursprünglichen griechischen Bedeutung ja „Ich unterrede mich". Insofern dürfte es keine allzu kühne Interpretation sein, dass Gott sich in sich selbst in den Formen der Zeit unterhält. Man kann annehmen, dass er deshalb nicht nur die Antwort auf alle Fragen ist, sondern umgekehrt auch die Frage, die allen Antworten zugrunde liegt.

Die Drei

Eins mag harmonisch zwei bespiegeln.
Doch tritt das Dritte auf den Plan,
lässt keine Gleichung sich besiegeln.
Mit dreien fängt das Ungleich an.

Die Drei bringt alles aus der Lage.
Eins, Zwei wird plötzlich selber Drei.
Eins, Zwei, Drei stellen sich infrage,
und mit der Ordnung ist's vorbei.

Unordnung ist der Grund von Streben.
Nichts Neues ohne guten Streit.
Die Dreiheit ist der Quell des Lebens
und gibt der Ewigkeit die Zeit.

Gesteuerter Zufall?

Wenn man das aktuelle Kapitel noch einmal zusammenfassen will, zeigt sich, dass das Universum offenbar ausgeprägte schöpferische Kräfte besitzt. Es ist in der Lage, plötzlich ganz spontan Neues hervorzubringen, also neue Antworten auf alte Fragen zu finden oder neue Fragen zu alten Antworten zu stellen. Man könnte die Auffassung vertreten, dass dabei der Zufall seine Hand im Spiel hat. Aber auch wenn es auf der atomaren Ebene heute vermutlich wieder sinnvoll ist, von echten Zufällen zu sprechen, und wenn auch diese Zufälle ganze Systeme zum Kippen bringen oder völlig verändern können, scheint es doch angesichts der erstaunlichen Schöpfungen, die auf diese Weise entstehen, abwegig, den Zufall allein am Werk zu sehen. Das Thema der Synchronizität hat hierzu ja ein bedeutendes Schlaglicht in die Debatte geworfen.
Im nächsten Kapitel wird ein Thema im Mittelpunkt stehen, das noch viel mehr als die Entstehung von Vielfalt und Komplexität nahelegt, dass die Entwicklung des Universums von einer gestaltenden Intelligenz und einem gestaltenden Willen gesteuert wird.

4. WELTWUNDER:

Die Feinabstimmung unserer Welt

Die Ruinenstadt Machu Picchu liegt auf 2430 Meter Höhe auf einem Bergrücken in den Anden – eine eigentlich lebensfeindliche Umgebung. Dennoch ist es den Inka vor über einem halben Jahrtausend gelungen, hier die Voraussetzungen für ein städtisches Leben zu schaffen. Sie haben Terrassen angelegt, auf denen die Gebäude errichtet werden konnten, dazu eine ausgeklügelte Wasserversorgung, die eine etwas abseits der Stadt gelegene Quelle nutzte.
Das Staunen über eine solche Anlage bringt mich zum Staunen über ein weiteres Wunder: dass auf unserer Erde Leben, sogar intelligentes Leben möglich war und ist. Wer hat dafür die Voraussetzungen geschaffen?

Bewohnbare Planeten

Unlängst habe ich mir bis in die späte Nacht hinein im Fernsehen einen jener interessanten Berichte über die neuesten Erkenntnisse der Astronomie angeschaut. Es ging um die Frage, ob es auch sonst im Weltall noch Leben gibt. Immer noch stärkere Teleskope sind in die unendliche Weite des Alls gerichtet, um Himmelskörper zu entdecken, die unserer Erde ähneln, die keine Gasplaneten, sondern Gesteinsplaneten sind, etwa dieselbe Größe haben und in etwa gleichem Abstand wie unser Heimatplanet einen sonnengleichen Stern umkreisen.
Nach der Wahrscheinlichkeitsrechnung müssten sich schon in unserer Milchstraße viele solcher Planeten befinden. Und wenn man von der Milliardenzahl anderer Galaxien ausgeht, steigt – so sagen bedeutende Astronomen – die Aussicht gewaltig, Planeten zu entdecken, die habitabel, also bewohnbar sind. Das heißt, es wären Bedingungen gegeben, die die Voraussetzungen für Leben bieten. Es wäre also denkbar, dass sich dort Leben hätte entwickeln können – von Einzellern bis herauf zu komplizierteren, ja sogar intelligenten Lebewesen. Diese Forschung wird mit großem wissenschaftlichen und finanziellen Aufwand betrieben. Eine entsprechende Entdeckung wäre wohl, so sagt man, die bedeutendste in der Geschichte der Menschheit, und es könne noch viel Zeit vergehen, bis es so weit sei.

Und bis dahin? Wie wäre es, wenn die Menschen inzwischen nicht weiter mit unsinnigen Kriegen und Umweltzerstörungen die Erde immer „unhabitabler" machen würden? Oder wollen wir ernsthaft jetzt schon Pläne schmieden, wie wir aus der von uns selbst zerstörten Erde auf einen anderen Stern auswandern oder vielleicht die Landschaft auf dem Mond habitabel gestalten? Da wäre anderes vordringlicher: den Millionen aufgrund eines Missbrauchs der menschlichen Intelligenz geflüchteten Brüdern und Schwestern, die ihr Leben vielleicht auf engem Raum zusammengepfercht verbringen müssen, auf unserem eigentlich so habitablen Planeten eine etwas „wohnlichere" Umgebung zu bieten. Dafür reicht die menschliche Intelligenz aber anscheinend nicht mehr aus. Es wäre also wichtig, dass sich die Intelligenz mit *caritas*, der Liebe, und *misericordia*, dem Mitleid, verbindet, damit die Erde das werden kann, wofür sie wohl gedacht ist: ein Stern, der allem, was lebt, eine wunderbare Heimat bietet.
„Terraforming" ist der Gegenstand vieler Science-Fiction-Geschichten. Dieser Begriff steht für die Anstrengungen, die unternommen werden müssten, um etwa einen unbewohnten Planeten wie den Mars mit technischen Mitteln so umzugestalten, dass er bewohnbar würde. Wenn man darüber nachdenkt, dann erkennt man – und das ist die Schnittmenge all dieser fantastischen Erzählungen –, wie fein abgestimmt alle Randbedingungen sein müssen, um einen Planeten bewohnbar zu machen.
Vor diesem Hintergrund stellt sich also die Frage, warum die Welt, in der wir leben, eigentlich so aussieht, wie sie aussieht.
Und das liegt an einer Reihe von Bedingungen, die bereits bei der Entstehung des Universums festlagen und die es erst ermöglicht haben, dass alles sich so entwickelt hat, wie es sich entwickelt hat. Was wäre passiert, wenn das Universum Sekundenbruchteile nach seiner Entstehung etwas dichter, wenn die Gravitationskraft etwas stärker oder irgendwelche anderen Vorbedingungen, die es eben in diesem unserem Kosmos gibt, nicht erfüllt gewesen wären?
Die Physiker haben ausgerechnet: Schon bei einer relativ unbedeutenden Veränderung der Anfangsbedingungen würde im Extremfall das Universum schon längst nicht mehr existieren. Oder aber es hätte sich zwar großartig entwickelt, wäre aber nur ein unwirtlicher, le-

bensfeindlicher Ort, an dem es unseren „blauen Planeten“ Erde und die Voraussetzung für die Entwicklung von hochentwickelten Lebewesen gar nicht geben könnte.

Schöpfung

Wenn man rein physikalisch,
oder von mir aus auch chemisch,
die Welt betrachtet,
muss man sagen:
eigentlich gar nichts Besonderes.

Ein Uratom, ein Urknall,
viel, viel Platz zur Ausdehnung
und sonst nichts.

Wie Atomteilchen, Elektronen, Protonen, Neutronen,
aus denen alles zusammengesetzt ist.
Das ganze Universum aus nichts anderem
als aus den paar winzigen Teilchen ...

Also scheint es gar nicht so weit her zu sein
mit der ganzen Schöpfung,
wenn man sich alles rein wissenschaftlich anschaut.
Aber wenn ich mich an einem solch schönen Tag wie heute umschaue:
die saftgrünen Wiesen, voll mit bunten Blumen,
die Bäume, die blühen,
wie alles so gut riecht,
die Vögel, die auf ihren Zweigen sitzen und singen,
jeder sein besonderes Lied,
über mir der blaue Himmel und die gelbe Sonne,
die mit ihren Strahlen meinen Bauch kitzelt,

und neben mir du, die du gerade so nett lachst,
dann muss man doch zugeben:
ER hat sich mit diesen Protonen, Elektronen, Neutronen
schon durchaus etwas einfallen lassen.

Das Experiment Schöpfung hätte leicht schiefgehen können

Schon mehrmals kam in diesem Buch der Urknall zur Sprache, beziehungsweise die Sekundenbruchteile danach. Dieses Thema werde ich jetzt gleich noch einmal strapazieren und zwar unter einem neuen Aspekt.

Denn die Schöpfung unseres Universums hätte schon nach kürzester Zeit schiefgehen können.

Bei der Ausdehnung des Universums waren immer zwei entgegengesetzt wirkende Faktoren aktiv (und sind es noch): die Geschwindigkeit, mit der der Urbrei – später die Materie, die Sterne und Galaxien – auseinanderdriftete, und die Gravitationskraft, die das, was sich da immer weiter voneinander entfernte, wieder zusammenholen wollte. Hätte das Universum bei seiner „Geburt" eine zu hohe Dichte besessen (die Physiker sprechen in diesem Zusammenhang von der „kritischen Dichte"), wäre die Gravitationskraft so stark gewesen, dass es alsbald wieder in sich zusammengefallen wäre. Das Experiment Schöpfung wäre binnen kürzester Zeit beendet gewesen.

Gut, werden Sie sagen, alles musste eben schnell genug auseinanderfliegen. Aber so einfach ist es auch wieder nicht. Die Physiker haben gute Gründe für die Annahme, dass bei einer hohen Expansionsgeschwindigkeit auch kein Universum entstanden wäre – jedenfalls keines in dem Sinne, wie wir es kennen: Dann hätte sich alle Energie und Materie, die im „Urbrei" enthalten war, sehr schnell und sehr fein verteilt, und es wäre nichts als unendlicher, feiner Nebel aus dem Ganzen geworden. Galaxien, Sterne und Planeten, wie wir sie kennen, hätten sich nicht bilden können, denn dafür war nötig, dass die Gravitation wenigstens in bestimmten Bereichen des Universums die Oberhand gewann und auf diese Weise Strukturen entstehen konnten.

In diesem Zusammenhang konnte die Wissenschaft etwas Verblüffendes feststellen: Unser Universum balanciert offenbar exakt auf dem schmalen Grat zwischen ewiger Expansion und letztendlichem Kollaps. Die Gesamtdichte scheint einen Wert zu haben, der den Übergang in den Kollaps gerade verhindert. Vermutlich würde kein ernsthafter Wissenschaftler eine Prognose über die langfristige Zukunft unseres Kosmos wagen. Hier könnte man der Vollständigkeit halber noch diskutieren, dass es wohl Formen von „dunkler Materie" – also unbekannte Strukturen – gibt, die im Hintergrund eine Rolle spielen. Für unsere Zwecke sind die Details der Debatte jedoch nicht weiter von Bedeutung.[49]

Ein Universum mit veränderter Gravitationskonstante?

John Gribbin und Martin Reese haben in ihrem bemerkenswerten Buch *Ein Universum nach Maß* eine interessante Modellrechnung durchgeführt.[50] Sie haben ermittelt, wie ein Universum aussehen würde, in dem die Schwerkraft stärker wäre als in der Realität. Selbstverständlich haben sie dabei auch die kritische Dichte angepasst, damit ihr Weltall nicht sofort wieder in sich zusammenfällt.

In einem solchen Universum gäbe es sehr vieles auch, was es in unserem Universum gibt: Galaxien, Sterne, Planeten, und auf diesen sogar Berge. Doch die Veränderung einer Naturkonstante hätte gravierende Auswirkungen.

Alles in diesem Fantasie-Universum wäre sehr, sehr viel kleiner und läge dichter beisammen. Die Lebensdauer der Sterne wäre extrem kurz, auch viele andere Vorgänge würden entscheidend schneller ablaufen.

Es könnten immerhin Planeten existieren, die prinzipiell die Voraussetzungen für Leben böten. Ihre Umlaufzeit um die zugehörige Sonne wäre eben viel kürzer. Und vor allem die Lebensdauer dieser Sonne. Wenn man sich vorstellt, dass die Entwicklung des Lebens auf der Erde Milliarden Jahre Zeit brauchte, bietet das keine realistischen Voraussetzungen für Entstehen von Organismen oder gar von intelligenten Wesen.

Ganz abgesehen von weiteren Schwierigkeiten. Wenn so viele Himmelskörper so dicht nebeneinander existierten, wären auch ihre Umlaufbahnen nicht stabil. Irgendein zufällig in der Nähe vorbeikommender Stern könnte jederzeit Planeten buchstäblich „aus der Bahn werfen". Und dann wäre es mit den lebensfreundlichen Bedingungen dort auch vorbei.
Und intelligentes Leben wäre auch aus einem anderen Grund extrem unwahrscheinlich: Denn die Lebewesen könnten in dieser Miniwelt auch nur einen winzigen Bruchteil der Größe von uns Menschen haben. Ob ihre Strukturen komplex genug sein könnten, damit sie auch nur annähernd das Intelligenzniveau von uns Menschen erreichten?

Die feinabgestimmten vier Grundkräfte

Man darf aber die Gravitation nicht nur für sich oder in ihrem Verhältnis zur kritischen Dichte betrachten. Man muss auch die anderen Grundkräfte einbeziehen, die in unserem Universum wirken und letztlich für alle Vorgänge verantwortlich sind, die wir beobachten können: Die starke Wechselwirkung schweißt die Atomkerne zusammen. Die elektromagnetische Kraft sorgt dafür, dass Atome und Moleküle zusammenhalten und dass Festkörper tatsächlich „fest" sind. Die schwache Wechselwirkung schließlich spielt bei bestimmten atomaren Vorgängen eine Rolle.
All diese Kräfte sind untereinander feinabgestimmt. Wenn sie das nicht wären, gäbe es die chemischen Elemente des Periodensystems, wie wir sie in der Schule lernen, so nicht.
Diese Feinabstimmung sorgt nämlich beispielsweise dafür, dass im Inneren von Sternen per Kernfusion schwere chemische Elemente „erbrütet" werden. Die Gravitation erzeugt im Inneren massereicher Sterne extrem hohen Druck. Nur unter diesem hohen Druck können sich Atomkerne mit mehreren Protonen bilden. Protonen sind bekanntlich positiv geladen und stoßen sich daher aufgrund der elektromagnetischen Wechselwirkung ab. Doch sobald sie durch den hohen Druck – entgegen dieser Abstoßung – gezwungen werden, sich sehr nahe zu kommen, gewinnt die starke Wechselwirkung die Oberhand. Sie ist

stärker als die elektromagnetische Kraft, hat aber eine geringere Reichweite. Die Gravitation ist so die „Geburtshelferin“ bei der Vereinigung von Atomkernen mithilfe der starken Wechselwirkung.

Dass diese mühsam im Stern erbrüteten schweren Elemente aus ihrem „Gravitations-Gefängnis“ irgendwann herausgelangen, dafür sorgen Supernovas: Sehr massereiche Sterne explodieren am Ende ihrer Lebensdauer und schleudern dabei Material weit in den Weltraum hinaus.

An dieser Stelle ist noch anzumerken, dass sich die Gravitation nicht in das Modell der anderen Grundkräfte des Universums einfügen lässt. Die Theorie einer sogenannten Quantengravitation lässt sich bis heute nicht erhärten. Wenn man versucht, die allgemeine Relativitätstheorie und die Quantentheorie miteinander zu vereinen, kommen, banal gesagt, unendliche Werte dabei heraus. Die beiden am besten überprüften Theorien, die des Mikrokosmos (Quantenmechanik) und die des Makrokosmos (allgemeine Relativitätstheorie), widersprechen einander also. Das oben erwähnte Rätsel von „Null und Unendlich“ scheint in den Gedanken des Schöpfers aufgehoben zu sein und widersetzt sich, sich dem Menschen geoffenbart zu werden.[51]

Quantengravitation

Seit Jahren versucht die Wissenschaft, die vier Grundkräfte – elektromagnetische Kraft, starke Wechselwirkung, schwache Wechselwirkung und Gravitation – in einer einheitlichen Theorie zu beschreiben. Die Sonderstellung der Gravitation – sie wirkt beispielsweise im Gegensatz zu den drei anderen Kräften immer anziehend, nie abstoßend – und diverse andere Probleme verhindern bisher eine solche mathematische Beschreibung in Form der „Quantengravitation“.

Bausteine des Lebens

Auch wir Menschen bestehen, wie ein schöner und wahrer Satz es sagt, aus Sternenstaub. Eines der wichtigsten Elemente bei unserer chemischen Zusammensetzung ist Kohlenstoff. Und mit diesem Element, dessen Atomkern aus zwölf Elementarteilchen – sechs Protonen und sechs Neutronen – besteht, hat es seine besondere Bewandtnis.

Um das zu verstehen, muss man wissen, dass die schwereren Elemente im Sterneninneren hauptsächlich durch Fusion von Heliumkernen gebildet werden. Ein Heliumkern besteht aus zwei Protonen und zwei Neutronen, und beim Zusammenstoß von zwei Heliumkernen entsteht Beryllium. Die nächsten Stufen, die wiederum durch Anlagerung eines weiteren Heliumkerns entstehen, sind unser Kohlenstoff mit zwölf und der Sauerstoff mit sechzehn Elementarteilchen.

Und hier konnte ein verblüffender Effekt nachgewiesen werden.[52] Berylliumkerne sind instabil und zerfallen in Sekundenbruchteilen. Lagert sich jedoch in dieser kurzen Zeit ein weiterer Heliumkern an – bei den Bedingungen im Inneren eines schweren Sterns nicht unwahrscheinlich –, entsteht fast immer ein stabiler Kohlenstoffkern. Schon beim nächsten Element in der Reihe, dem Sauerstoff, ist es wieder etwas anders: Versucht sich ein Heliumkern an einen Kohlenstoffkern anzulagern und Sauerstoff zu bilden, gelingt das eher nur in Ausnahmefällen. Das Ganze hängt mit der sogenannten Resonanz zusammen: Das Energieniveau des Kohlenstoffkerns entspricht fast exakt dem Energieniveau seiner Bestandteile plus der Bewegungsenergie, die die Teilchen unter den Bedingungen im Sterneninneren haben. Dadurch verläuft die Kernfusion von Beryllium plus Helium zu Kohlenstoff mit einer extrem hohen „Trefferquote". Beim Sauerstoffkern dagegen stimmt der Energiegehalt nicht. Deswegen kommt es bei Zusammenstößen entsprechender Teilchen nur recht selten zur Fusion.

Es sieht also so aus, als ob der Kohlenstoff bei den Reaktionen im Inneren eines Sterns quasi unter besonderem Schutz stünde.

Das ist umso bemerkenswerter, als nach Meinung der Wissenschaft Kohlenstoff ein unverzichtbarer Bestandteil der chemischen Struktur von Lebewesen ist. Man könnte sagen: Ohne Kohlenstoff kein Leben.[53]

Was ist der Grund?

Damit Lebewesen existieren und sich fortpflanzen können, müssen sie extrem komplexe Moleküle aufbauen. Ein Eiweißmolekül, das etwa in einer unserer Körperzellen eine bestimmte Funktion erfüllt, ist ein nach Maß angefertigter „Spezialist", der auf ganz besondere Anforderungen zugeschnitten ist. Erst recht gilt das für die DNA-Moleküle, in denen die Erbinformation gespeichert wird. Man hat es mit chemischen Verbindungen zu tun, die um ein Vielfaches komplizierter aufgebaut sind als alles, was sonst in der gewöhnlichen Natur vorkommt. Wer sich einmal mit Biochemie befasst hat, weiß Bescheid!
Für den, der mir folgen mag, kommt jetzt ein klein wenig (stark vereinfachte) Chemie.
Für den Aufbau komplexer Strukturen, wie sie Lebewesen benötigen, ist Kohlenstoff als „Gerüstbaustein" geradezu prädestiniert.[54] Denn Kohlenstoff ist vierwertig und kann gleichzeitig zu vier anderen Atomen Bindungen ausbilden. Er könnte aber beispielsweise auch zu zwei Atomen eine Einfachbindung und zu einem eine Doppelbindung aufbauen – Doppelbindungen sind weniger flexibel, starrer als Einfachbindungen, und das ist, je nachdem, was für eine Funktion das Molekül erfüllen soll, an manchen Stellen „erwünscht".
Kohlenstoff, so könnte man einwenden, ist im Periodensystem so einmalig auch wieder nicht, es gibt ja noch mehr vierwertige Elemente.
Das nächste entsprechende Element wäre das Silizium, dessen Kern im Regelfall aus 28 Elementarteilchen besteht (aber auch Silizium-29 und Silizium-30 sind stabil). Doch die schiere Größe dieses Atoms führt dazu, dass sich die chemischen Eigenschaften nicht grundlegend, aber signifikant unterscheiden.
So können Siliziumatome etwa keine Doppelbindung zueinander eingehen. Schon das ist, wie gerade erklärt, ein entscheidender Nachteil.

Noch gravierender ist aber, dass sich die Reaktivität von Siliziumverbindungen von der entsprechender Kohlenstoffverbindungen unterscheidet. Kohlenstoffverbindungen können durchaus mit anderen Atomen reagieren, was beispielsweise bei Stoffwechselprozessen im Körper ja auch erwünscht ist, aber bleiben ohne größere Energiezufuhr stabil. Genau das kann man aber von den entsprechenden Siliziumverbindungen nicht behaupten. Damit wäre es nicht ratsam, Bausteine des Lebens aus Siliziumverbindungen aufbauen zu wollen.

Kohlenwasserstoffe sind brennbar, wie jeder weiß. Aber damit sie brennen – also mit Luftsauerstoff reagieren –, muss man sie zuerst anzünden, also erst einmal Energie zuführen. Das ist bei Silanen, also Verbindungen, die aus Silizium und Wasserstoff bestehen, nicht der Fall. Man sollte tunlichst vermeiden, sie mit Luftsauerstoff in Verbindung zu bringen. Denn dann kann es zur Selbstentzündung und möglicherweise zu einer Explosion kommen.

Kompliziertere Siliziumverbindungen würden sich zwar nicht spontan entzünden, doch sie könnten sich durchaus zersetzen, noch ehe sie ihre Funktion erfüllt hätten. Die Verwendung von Kohlenstoff hat also einen sehr guten Sinn!

Insofern kann man sich getrost zurücklehnen, wenn künstliche Intelligenz auf Siliziumbasis aufgebaut werden soll. Intelligentes Leben braucht etwas mehr als nur einen Zentralprozessor. Man kann nämlich zeigen, dass die menschliche Intelligenz noch ganz andere Voraussetzungen hat als nur Rechenleistung.

Der ganze Körper, besonders die Hand, scheint eine Rolle in der Entwicklung der menschlichen Intelligenz zu spielen. Bei kleinen Kindern ist zu beobachten, dass ihr Sprach- und Denkvermögen förmlich explodiert, wenn sie etwa den fünfzehnten Lebensmonat erreichen.

Was passiert in diesem Alter? Nun, die Kinder lernen das Gehen, das heißt, sie richten sich auf, und damit werden ihre Hände frei. Ist es nun ein Zufall, dass genau zu diesem Zeitpunkt Gehirn und Sprache neue Dimensionen des Weltverstehens erreichen?[55]

Nach allem, was die Hirnphysiologie und die Evolutionsbiologie wissen, kann man die sprachlich-kognitiven und die motorisch-taktilen Leistungen des menschlichen Gehirns nicht voneinander trennen.

Sprache und Körperbewegung sind aufeinander bezogen. Der Neurowissenschaftler Michael C. Corballis vertritt die These, dass sich Sprache aus der Gestik der Hände entwickelt hat. In die Gestensprache seien mit der Zeit Elemente einer Lautsprache aufgenommen worden. Nicht nur das Gehirn hat seinen Anteil am menschlichen Sprachvermögen. Der ganze Körper ist darauf angepasst, etwa Kehlkopf und Atmung. Der aufrechte Gang hat offenbar die Sprachentwicklung ebenfalls befördert, da die Hände nicht nur für Tätigkeiten, sondern auch für eine Verfeinerung der Gestik frei wurden. Die Entwicklung des menschlichen Sprachvermögens und des Handelns sind so verbunden.[56]

Man kann also sagen, dass die spezifische menschliche Intelligenz nur im spezifisch menschlichen Körper zur Blüte kommen kann. Wenn man hinzunimmt, dass der menschliche Körper über eine Eigenwahrnehmung verfügt, die im Muskel- und Sehnenapparat über Tausende von Sinnesorganen (sogenannte Propriozeptoren) verfügt, so kann man ermessen, dass die Siliziumtechnik eine Sackgasse ist, wenn man den Menschen modellieren will. Intelligenz ist ein kohlenstoffbasiertes Ganzkörperphänomen.

Wenn man die Ergebnisse der vorhergehenden Seiten noch einmal durchgeht, könnte man zu folgendem Schluss kommen: Es scheint so, als ob das Universum die Möglichkeit von Leben von vornherein „mitgedacht“ hätte. Wer hatte hier wohl seine Finger im Spiel?

Ich

Mich schaudert, dass an jenem Tage,
an dem die Zeit als Zeit entstand,
ich schon ins Jetzt herüberrage,
dem ersten Sternenstaub verwandt.

Mich schaudert, dass ich schon geworden,
obwohl ich lange noch nicht war.
Ward ich im Damals schon geboren
und war vielleicht im „Vorher“ gar?

Unendlich viele Welten?

Dieses merkwürdige Zusammentreffen von Voraussetzungen, ohne die es uns Menschen gar nicht gäbe, verblüfft auch die atheistischen Wissenschaftler. Letztlich müssen auch sie anerkennen, dass ihre eigene Existenz ein völlig unwahrscheinlicher Zufall ist.

So kam es zu dem Versuch, unser Universum als eine Ausprägung eines Meta-Universums zu verstehen. Vereinfacht ausgedrückt: Unser Universum ist nur eines von unendlich vielen Paralleluniversen, in denen jeweils die Bedingungen andere sind, eine andere Abstimmung der Naturkonstanten herrscht. So musste praktisch irgendwie einmal ein Universum entstehen, das „erfolgreich" war und überdies die richtigen Voraussetzungen für Leben bot.

Das mag eine interessante philosophische Spekulation sein, aber sie darf für sich nicht in Anspruch nehmen, empirisch-wissenschaftlich zu sein. Schließlich hat noch kein Mensch Einblick in eines dieser Paralleluniversen genommen. Dies wäre denkbar, wenn schwarze Löcher sich als sogenannte Einstein-Rosen-Brücke in diese parallelen Universen erweisen würden. Doch Wissenschaft lebt bekanntlich davon, dass ihre Theorien einer Realitätsprüfung zugänglich sind. Ob dies je der Fall sein wird, bleibt abzuwarten.

Die Theorie, es könnte unendlich viele Paralleluniversen geben, ist dennoch von vielen Wissenschaftlern in letzter Zeit in der einen oder anderen Form anerkannt oder zumindest ernsthaft diskutiert worden – allerdings in einem anderen Zusammenhang, nämlich im Zusammenhang mit der Quantenphysik.

Die Quantenphysik liefert unfassbare Denkhürden für den gesunden Menschenverstand. Es gibt acht Hauptströme der philosophischen Interpretation dieser experimentell sehr gut verifizierten Theorie.[57] Einer dieser Hauptströme ist die Viele-Welten-Hypothese, die auf den Physiker Hugh Everett zurückgeht. Sie ist eines von vielen spekulativen Erklärungsmodellen von quantenphysikalischen Tatsachen.

Man muss sich vergegenwärtigen, dass die Gesetze und Regeln der Quantenmechanik sehr abstrakt sind und unserem Alltagsverstand widersprechen. Für unsere Alltagswelt gilt, dass man entweder eine Welle oder ein Teilchen sieht, in der Quantenwelt kann eine Erschei-

Hugh Everett

Der amerikanische Physiker (1930–1982) entwickelte in seiner Dissertation die Viele-Welten-Hypothese, stieß aber damit auf die Ablehnung seines Doktorvaters, der ein Anhänger von Niels Bohr (siehe Seite 63) war, und konnte sich mit seiner Ansicht zunächst nicht durchsetzen. In der Folge wandte sich Everett von der Physik ab, arbeitete für das US-amerikanische Verteidigungsministerium und wurde später als Unternehmer im Bereich Elektronik Millionär.

nung beides gleichzeitig sein. Der Alltag kennt keine Gegenstände, die an zwei Orten gleichzeitig auftreten, die Quantenwelt sehr wohl. Im täglichen Leben brauchen Dinge eine gewisse Zeit, bis sie sich von Ort A nach Ort B bewegen; auch die Telekommunikation braucht Zeit. Telefonieren wir mit dem „Mann im Mond", so brauchen die elektromagnetischen Wellen etwa eine Sekunde. Ein Mann in der Sonne würde uns erst nach etwa acht Minuten hören. Auf der Quantenebene kommunizieren Teilchen ohne Zeitverlust, was dem Alltagsverstand völlig entgegensteht.

Fakten liegen nie in uninterpretierter Reinform vor. Immer kommt zu der Wahrnehmung eines Dinges die Interpretation desjenigen hinzu, der es wahrnimmt. Da die Quantenwelt den Sinnen völlig entzogen ist, ist der Raum der Interpretation hier ungleich größer, als er es in der Alltagswelt ist. Jeder Gegenstand ist begrifflich überformt, das Kantsche „Ding an sich" ist ja bekanntermaßen nicht erkennbar. Da die Sinne so gut wie keine Information über die Quantenwelt liefern, ist hier der Spielraum für Deutungen besonders groß. Die Viele-Welten-Interpretation der Quantenphysik ist also eine Möglichkeitsform der Ausdeutung der Phänomene der Quantenwelt.

Philosophisch ließe sich einwenden, dass die Theorie das „Sparsamkeitsprinzip" verletzt, das bereits vor Jahrhunderten Wilhelm von Ockham formuliert hat: Demnach ist von mehreren möglichen

Erklärungen für ein Phänomen immer die einfachste vorzuziehen. „Einfach“ bedeutet, dass die jeweilige Theorie möglichst wenige Variablen und Hypothesen enthält und dass diese in klaren logischen Beziehungen zueinanderstehen. Diese Bedingung erfüllt die Theorie von den Paralleluniversen sicherlich nicht.

Wilhelm von Ockham
Der englische Philosoph und Theologe (1288–1347) sorgte seinerzeit mit einer Reihe von Thesen aus dem Bereich der Erkenntnistheorie, der Staatstheorie und der Lehre von der Kirche für Aufsehen. Nach Häresie-Vorwürfen wurde er von Papst Johannes XXII. exkommuniziert und unterstützte später mit seinen Stellungnahmen Kaiser Ludwig den Bayern in dessen Auseinandersetzung mit dem Papst.

Allerdings steht sie da auch nicht alleine da. Die Interpretationsmuster der Quantenmechanik spiegeln einfach den Geist des Wissenschaftlers wider, der sich mit den „Fakten“ beschäftigt.[58]

Die meisten Physiker sind reine Pragmatiker, die die Quantenmechanik nur anwenden, sich über deren philosophische Konsequenzen aber keinerlei Rechenschaft ablegen wollen. Diese Art von Menschen hat vielleicht das Staunen verlernt. Es ist die Lust an der Spekulation, die Freude, sich Fragen zu stellen, die uns die Rätsel der Quantenwelt nahelegen. Wenn wir hier nicht werden wie die Kinder, neugierig und offen, werden wir gewiss keine gescheiten Antworten auf diese Rätsel finden.

Es ist also nicht auszumachen, was die „einfachste“ Interpretation ist. Das bleibt wohl dem Geschmack des Interpreten unterworfen.

Es geht hier auch um das bereits im vorhergehenden Kapitel geschilderte rätselhafte Phänomen, dass das Verhalten von Elementarteilchen normalerweise unbestimmbar ist, sie aber durch bestimmte

Versuchsanordnungen gezwungen werden können, sich eindeutig wie Teilchen zu verhalten. Man kann nun die entsprechenden Versuchsergebnisse so interpretieren, dass in dem Augenblick, in dem das Teilchen sich für ein bestimmtes Verhalten „entscheidet" – also beispielsweise mit einem bestimmten Impuls an einem bestimmten Ort aufzutauchen, obwohl es nach der Wellenfunktion auch einen anderen Impuls und einen anderen Aufenthaltsort hätte haben können –, dass sich in diesem Augenblick das Universum verzweigt und das Teilchen sich in einem anderen Universum tatsächlich an dem anderen Ort befindet. Da solche Prozesse ununterbrochen geschehen, werden durch diesen Ansatz unendlich viele Paralleluniversen möglich.

Wenn man diese Theorie konsequent weiterdenkt, befinden wir uns nur deswegen in diesem bestimmten Universum, in dem wir uns befinden, weil eben von den unzähligen vorhandenen Universen nur dieses eine die Voraussetzungen für unsere Existenz bietet. Philosophisch und rhetorisch haben wir es hier mit einem Vorher-Nachher-Argument (Hysteron-Proteron) zu tun, also einer Figur, die das Hintere mit dem Vorderen erklärt. Abgesehen davon, dass diese Argumentation etwas nach Zirkelschluss riecht, betrachten viele Wissenschaftler die geschilderten Phänomene als durch die Dekohärenz ausreichend erklärt (siehe Seite 63).

Zudem bleibt auch hier das Problem bestehen, dass niemand sagen kann, ob diese Paralleluniversen *real* sind, denn sie sind uns ja noch nicht zugänglich.

Die Voraussetzungen sind da – das Leben kann entstehen

Die bisherigen Überlegungen in diesem Buch könnte man folgendermaßen zusammenfassen: Es ist nicht nur ein Wunder, dass unser Kosmos – offenbar aus dem Nichts – ins Leben trat. Es ist auch ein Wunder, dass er sich weiterentwickelt hat, und zwar so weiterentwickelt, dass die Voraussetzungen für Leben geschaffen wurden. Es scheint eine ganze Reihe von Konstanten und Mechanismen zu geben, die genau zusammenpassen mussten, damit es uns Menschen geben kann.

Sollten wir nicht deswegen in dankbares Staunen ausbrechen?
Aber langsam – mit alledem sind zwar die *Voraussetzungen* für unsere Existenz geschaffen, aber wir existieren noch nicht. Wenn sich das nächste Kapitel mit dem Leben befasst – seinen Charakteristika, seiner Entstehung und seiner Entwicklung –, dann gibt es gleich noch einmal eine Menge zu staunen.

5. WELTWUNDER:

Das Leben

Heute ist Petra in Jordanien nur noch eine Ruinenstadt, tote Behausungen in totem Fels. Doch vor 2000 Jahren, in seiner Blütezeit, war es eine höchst lebendige Handelsstadt im Schnittpunkt mehrerer Karawanenstraßen. Eine Anregung, darüber nachzudenken, was eigentlich Lebendiges von Totem unterscheidet.
„Für den Theologen ist das Leben das höchste aller Wunder und der Mensch die Krönung von Gottes den Kosmos umspannenden Plan. Für den Naturwissenschaftler ist zu leben das erstaunlichste aller natürlichen Phänomene", schreibt der britische Physiker Paul Davies (siehe Seite 39).[59] Damit deutet er an, dass in diesem Punkt die Standpunkte von Religion und Naturwissenschaft heute nicht mehr so zwangsläufig unvereinbar erscheinen, wie das vor etwa hundert Jahren noch der Fall war. Nur Fundamentalisten auf beiden Seiten sind noch immer der Auffassung, die darwinistische Evolutionstheorie würde die christliche Lehre in ihren Grundfesten erschüttern.
Der Katechismus der katholischen Kirche stellt dazu fest: „Die modernen Naturwissenschaften erkennen heute deutlicher als früher ihre eigenen Grenzen ... Schärfer achtet auch die Theologie auf ihre Grenzen. Sie weiß heute, dass die Bibel sich in ihrer Ausdrucks- und Vorstellungsweise des Weltbilds der damaligen Zeit bedient, das als solches für uns nicht verbindlich ist. Ihrer Aussageintention nach will uns die Bibel nicht über die empirisch erkennbare Entstehung der Welt und der verschiedenen Arten der Lebewesen unterrichten."[60]
Was der wirkliche Fokus der Bibel ist, erläutert der Katechismus an anderer Stelle: „Es geht um den Sinn dieses Werdens: ob es durch Zufall, durch ein blindes Schicksal, eine namenlose Notwendigkeit bestimmt wird oder aber von einem intelligenten und guten höheren Wesen, das wir Gott nennen."[61]
Dennoch bieten alle Fragen, die mit dem Leben auf der Erde zu tun haben, noch genügend Anlass für Kontroversen. Es wird sich gleich zeigen, dass die „naturwissenschaftliche Sicht des Lebens", des lebendigen Organismus, und die Antwort auf die Frage, was Leben genau ist und wie es entstand, keineswegs eindeutig sind.

Rätsel und Diskussionsstoff gibt es genug:

Ist das Leben ein geradezu zwangsläufiges Ergebnis ausschließlich natürlicher, wenn auch irgendwie komplexer physikalischer und chemischer Abläufe? Ist damit gerade der Mensch das Endprodukt einer langen evolutionären Entwicklung? Oder ist er noch gar nicht das Endprodukt? Lässt sich Leben künstlich im Labor herstellen? Ist es grundsätzlich „machbar“? Oder bedarf es einer von außen hinzukommenden „Zündung“, wie auch immer diese beschaffen sein mag und woher auch immer sie kommt?
Eng damit verknüpft ist die Frage nach der Wahrscheinlichkeit außerirdischen Lebens. Genügen die entsprechenden Bedingungen (beispielsweise das Vorhandensein von Wasser), dass es automatisch zu einem wie auch immer gestaltetem Leben kommt?

Streng wissenschaftlich

Hat man je in einer Blumenzwiebel
Stängel und grüne Blätter entdeckt?
Das Rot, Gelb und Lila der Tulpe gefunden?
Den süßen Duft des Maiglöckchens festgestellt?
Das Erblühen, Blühen und Leben gemessen?
Die Schönheit einer Blüte gewogen?

Nein. Natürlich nicht!
Und darum behaupte ich
streng wissenschaftlich,
dass es Blumen nicht geben kann.

Leben – was ist das eigentlich?

Es lässt sich wissenschaftlich gar nicht ohne Weiteres bestimmen, was Leben eigentlich ist.
Auf den ersten Blick scheint es zwar gar nicht so schwierig zu sein, Lebendes von nicht Lebendigem zu unterscheiden. Ein Baum, eine

Katze oder ein Mensch haben recht offensichtlich ganz andere Eigenschaften und zeigen ein ganz anderes Verhalten als „tote“ Materie wie Steine oder Sand. Aber so leicht es sein mag, jede Menge Unterschiede beispielsweise zwischen einem lebenden Pantoffeltierchen und einem Felsbrocken zu beschreiben, so schwer tut man sich mit einer präzisen Bestimmung, worin nun der entscheidende qualitative Unterschied besteht.

DNA und RNA

Die komplexen Moleküle der Desoxyribonukleinsäure (DNA) speichern die Erbinformationen von Lebewesen. Dabei handelt es sich nur um das „Archiv“, aus dem die Informationen bei Bedarf genommen werden, die DNA ist nicht direkt an chemischen Vorgängen im Körper wie dem Aufbau von körpereigenem Eiweiß beteiligt. Diese Aufgabe erfüllen die Ribonukleinsäuren (RNA), die eine Zelle aufgrund der DNA herstellt – es werden dabei im Rahmen der sogenannten Transkription Teile der DNA quasi kopiert.

Man könnte jetzt auf den „Bauplan“ der Lebewesen abheben und feststellen, dass sie äußerst komplex konstruiert sind und aus Zellen bestehen, die Nukleinsäure und Proteine enthalten. Aber das kann noch nicht alles sein. Auch ein frisch geschlachtetes Schwein besteht immer noch aus Zellen, Nukleinsäuren und Proteinen, aber es ist offensichtlich nicht (mehr) lebendig.[62] Beim Bakterium haben wir einen Zellkern und die Zellbestandteile, man kann deshalb auf dieser Ebene getrost von Leben sprechen. Sehen wir uns aber ein Virus an, das hat keinen Zellkern; manche Viren, sogenannte RNA-Viren, besitzen nicht einmal eine DNA-Struktur. Sind Viren nun zum Leben zu zählen oder nicht? Auf alle Fälle wirken „Antibiotika“, also Stoffe, die „gegen das Leben“ gerichtet sind, nicht gegen Viren.

Bei den Biologen haben sich einige spezifische Kriterien für das Leben herauskristallisiert, die von großen Teilen der Fachwelt anerkannt werden. Das sind Wachstumsfähigkeit, Fortpflanzungsfähigkeit, Anpassung an Veränderungen der Umwelt sowie Energie-, Stoff- und Informationsaustausch.[63] Allerdings gibt es eindeutig auch unbelebte Systeme, die ebendiese Eigenschaften aufweisen. Flammen etwa sind offenbar in der Lage, sich zu vermehren. Kristalle wachsen zu höher organisierten Strukturen heran. Und ein echter Grenzfall zwischen Lebendigem und nicht Lebendigem sind eben die Viren, die einerseits typische Merkmale lebender Systeme aufweisen, die sich aber beispielsweise nicht aus eigener Kraft vermehren können.

Biochemisch sind Lebewesen gekennzeichnet durch das Zusammenwirken dreier Stoffklassen: der Nukleinsäuren (RNA und DNA), die der Grund für den Mechanismus der identischen Selbstreproduktion sind, der Proteine als zentralen Trägern des Bau- und Betriebsstoffwechsels und schließlich der Lipide, die mit abgrenzenden Membranen das biochemische Gefüge zum lebendigen Elementarorganismus, zur Zelle, machen.[64]

Zwischen den Atomen, aus denen ein Lebendiges besteht, und den atomaren Bausteinen des nicht Lebendigen laufen grundsätzlich dieselben physikalischen und chemischen Prozesse ab. Wie ließe sich angesichts dessen ein eindeutiges strukturelles oder funktionelles Unterscheidungsmerkmal finden?

Aber sollte man das Ganze nicht andersherum betrachten? Die physikalische Ähnlichkeit zwischen lebender und nicht lebender Materie ist eigentlich viel weniger erstaunlich als der beobachtbare Unterschied. So muss man dem bereits erwähnten Paul Davies (siehe Seite 39) recht geben, wenn er schreibt, das Geheimnis des Lebens liege nicht so sehr in der „Natur der Kräfte“, welche auf die Moleküle eines Organismus einwirken, sondern darin, „wie das ganze Gebilde kohärent und kooperativ zusammenwirkt“.[65] Somit muss einem Reduktionismus, also der Rückführung komplexer Strukturen auf einfache, eine klare Absage erteilt werden.

Der Reduktionismus behauptet, es gäbe keine neuen Phänomene auf den höheren Ebenen und ein Lebewesen ließe sich als Ansammlung von Zellen oder, noch besser, von Elementarteilchen verstehen. Komplizierte Wechselwirkungen, die im Organismus

auftreten, müssen nach dieser Auffassung bereits in den Atomen enthalten sein, aus denen er sich zusammensetzt.
Es ist aber so, dass man selbst dann, wenn man eine vollständige Karte des Nervensystems eines einfachen Organismus hat, das Verhalten desselben nicht daraus ableiten kann. Demnach kann die Physik auch nicht aus ihren fundamentalen Kräften und Bausteinen alles erklären, was im Kosmos, auf dieser Welt oder in einem lebenden Organismus vor sich geht.
Das Phänomen, dass ein komplexes System über Eigenschaften verfügen kann, die nicht aus seinen jeweiligen Bestandteilen abzuleiten sind, vergleicht Paul Davies mit einem Zeitungsbild, das sich aus Tausenden von Rasterpunkten zusammensetzt. Sosehr man sich auch bemüht, die einzelnen Punkte zu untersuchen, es wird kein Gesicht erkennbar. Erst wenn man von einem gewissen Abstand heraus die Gesamtheit der Punkte betrachtet, zeigt es sich. Das Gesicht ist also kein Merkmal der einzelnen Punkte, sondern ihre Gesamtheit, das Ganze ist auch hier mehr als die Summe der Teile. Ähnlich, so folgert er, „werden wir das Geheimnis des Lebens nicht auf der Stufe der Atome finden, sondern im Muster ihrer Anordnung“.[66]
Hier vertritt Davies den Holismus, das Denken in ganzheitlichen Strukturen. Er stellt sich damit einer Tendenz im naturwissenschaftlichen Denken der letzten Jahrhunderte entgegen, das weitgehend reduktionistisch orientiert war. Man glaubte, man könne jedem Problem dadurch auf den Grund gehen, dass man es durch eine „Analyse“ in seine Bestandteile zerlegte. In neuerer Zeit haben auch Biologen diesen Weg beschritten und damit bei der Entschlüsselung der Molekulargrundlagen des Lebens durchaus bedeutende Erfolge erzielt. Das Ausufern des reduktionistischen Denkens auf verschiedensten Gebieten der Wissenschaft bringt allerdings große Probleme. Ein Versuch, in lebenden Organismen nichts weiter zu sehen als Anhäufungen von Atomen, die ohne tieferen Sinn als Ergebnis von Zufällen entstanden sind, wertet unsere eigene Existenz ab. Auch ein Gedicht stellt schließlich nicht nur eine räumliche Anordnung von Silben und Worten dar. Vielmehr ist es für das Verständnis notwendig, es in der nötigen zeitlichen bedingten Rhythmik zu lesen und zu erfassen.

Auch die Musik Bachs wird manchmal erst entschlüsselbar, wenn man sich die Mühe macht, das Notenbild zurate zu ziehen. So wird in der Partitur der Johannespassion das Kreuz-Motiv sichtbar, wenn der Evangelist verkündet: „All da kreuzigten sie ihn."[67]
Die Beschreibung nach Bestandteilen widerspricht der ganzheitlichen Sichtweise nicht. Das Verhältnis der beiden Standpunkte ist komplizierter. Der US-amerikanische Physiker Douglas Hofstadter verdeutlicht die Spannung zwischen Reduktionismus und Holismus sehr treffend mit dem Bild eines Ameisenhaufens.[68] Obwohl jede Ameise über ein begrenztes Verhaltensrepertoire verfügt, zeigt der ganze Ameisenhaufen als solcher eine bemerkenswerte Stufe von Zielgerichtetheit und Intelligenz. Ganz offensichtlich verfügt keine einzelne Ameise über ein ganzheitliches Bild des Konstruktionsplanes. Jede Ameise ist auf die Ausführung einiger einfacher Verrichtungen ausgelegt. Erst wenn man die Kolonie als Ganzes betrachtet, ergibt sich ein komplexes Muster. Beide Sichtweisen, die der einzelnen Ameise und die der ganzen Kolonie, sind auf ihrer Ebene richtig und widersprechen einander nicht.
Auch unser Körper ist eine Art Ameisenhaufen. Er besteht aus Milliarden von Zellen, die in kollektiver Organisation in Wechselwirkung stehen. Der große Quantenphysiker Erwin Schrödinger schreibt jedem Organismus eine „erstaunliche Gabe" zu. Er könne einen „Ordnungsstrom" aus sich selbst konzentrieren, sozusagen aus einer passenden Umgebung „Ordnung tanken".[69]

Was ist das Leben?

Du fragst mich: Was ist das Leben? Das ist, als fragtest du: Was ist eine Mohrrübe? Eine Mohrrübe ist eine Mohrrübe, und mehr weiß man nicht darüber.
(Anton Tschechow in einem Brief an Olga Knipper, seine spätere Frau)

„Leben ist etwas Besonderes, das Universum macht sich viel Arbeit damit, und tatsächlich sind wir nicht nur Sternenstaub, sondern auch ein ziemlich interessanter Teil der kosmischen Geschichte, vielleicht einer der ganz wenigen Bestandteile des Kosmos, die über sich selber sprechen können."

„Es fällt mir schwer, bei der Beschreibung des Phänomens Leben einigermaßen nüchtern zu bleiben und mich vom Pathos meines Staunens nicht allzu sehr überwältigen zu lassen."

Harald Lesch, Astrophysiker und Naturphilosoph[70]

Das Rätsel der Entstehung des Lebens

Einen Versuch, die Entstehung des Lebens zu erforschen, unternahmen 1953 Stanley Miller und Harald Urey von der Universität Chicago. In dem Experiment, das mehrere Tage dauerte, wurde ein elektrischer Funke durch ein Gemisch aus Methan, Wasserstoff, Ammoniak und Wasser geschickt – Stoffe, die man für die frühen Bestandteile der Erde hielt. Die Flüssigkeit, die nun entstand, enthielt eine beträchtliche Menge an organischen Molekülen – also solche, die Kohlenstoff enthalten.

Das war zwar noch lange kein Leben, aber die Baustoffe des Lebens waren immerhin schon da. Manche Forscher jubelten, damit ließe sich die Entstehung des Lebens erklären. Sie nahmen an, dass die organischen Moleküle, indem sie aneinanderstießen, zu immer komplexeren Verbindungen geworden seien, bis hin eben zu den ersten primitiven lebenden Organismen.[71]

Doch wir müssen uns darüber im Klaren sein, dass ein großer Abgrund zwischen der sogenannten präbiotischen Chemie – dabei geht es um die Moleküle, aus denen sich lebende Wesen zusammensetzen – und selbst dem einfachsten lebenden Organismus besteht. Eine Zwischenstufe konnte bisher weder entdeckt noch plausibel rekonstruiert werden.[72] War also demnach das Leben „plötzlich da"?

Ebenfalls im Jahr 1953 erkannten Francis Crick und James Watson die Struktur der DNA, die berühmte Doppelhelix. Damit wurde der

Weg zu dem Vorgang aufgedeckt, nach dem alles Leben abläuft. In der Doppelhelix sind die Informationen verschlüsselt, die für die Fortpflanzung und das Funktionieren der Organismen gebraucht werden. Während ein Molekül in anorganischen Substanzen wie Luft oder Wasser aus zwei oder drei Atomen besteht, die durch elektrische Kraft zusammengehalten werden, enthält jede Zelle in unserem Körper so viel DNA, dass die Moleküle aneinandergereiht eine Strecke von etwa 180 Zentimetern ergeben. Die Anordnung der einzelnen DNA-Bausteine folgt einem sehr komplizierten Schema. Die Unterschiede in der Reihenfolge unterscheiden darüber, ob beispielsweise ein Regenwurm oder eine Kuh entsteht. Bei solch komplexen Strukturen ist die Zahl der möglichen Kombinationen, wie sich die Atome aneinanderreihen, unvorstellbar groß. Die Wahrscheinlichkeit, dass so etwas wie die DNA eines Menschen oder auch nur eines Wurms durch Zufall entstehen könnte, geht gegen null.[73]

Wichtig ist dabei auch, dass wir die Frage nach der Form und Gestalt eines Organismus stellen. Wir wissen, dass die Struktur der Organe und des Organismus in jeder Generation neu aus einer relativ uniformen Eizelle entsteht. Im Laufe der Entwicklung entstehen aus der Eizelle verschiedene differenzierte Zellen wie etwa Haut- oder auch Nervenzellen. Die charakteristische Gestalt eines Tieres beruht dabei ganz entscheidend darauf, wie sich Teilstrukturen innerhalb der Zellschichten herausbilden.

Ein meines Erachtens viel zu schnell gemachter Schluss auf die Entstehung des Lebens ist der, dass man den Begriff „Bedingung“ absolut setzt. Eine Bedingung führt noch lange nicht zu einer automatischen Entstehung. Bedingungen sind nicht gleichzusetzen mit „Ursache“, „Grund“, „Causa“. Deshalb kann eine Bedingung keine Ursache für ein letztes gezieltes Werden sein. Bedingungen sind notwendig, aber nicht hinreichend für das Entstehen. Dieses Denken erinnert in gewisser Weise an die vor Jahrhunderten gehegte Meinung, dass entsprechender Unrat automatisch Ungeziefer hervorbrächte. Mit der Menge, der Zahl von entsprechenden Elementen ist noch lange nicht gesagt, dass diese auch entsprechende Verbindungen eingehen, auch wenn ihnen eine größtmögliche Menge

von Zeit zur Verfügung steht. So muss man schon aus Gründen der Denkökonomie von einer Zielursache (Telos) ausgehen, da das werdende Wesen offensichtlich sein Ziel bereits in sich trägt.
Wenn wir uns an die Nahtstelle des Überganges vom Unbelebten zum Belebten begeben, wird die Sache sogar noch komplexer. Das Eingehen der Verbindung zwischen den Molekülen ist zunächst nicht etwas Automatisches, und wenn entsprechende Verbindungen zustande kommen, ist das ein wie auch immer zu deutender „Akt" und nicht bloßes Vorhandensein. Oder sollte man besser sagen: „Glück"? Selbst wenn man immer weniger dazu neigt, vom „Sprung" der „toten Materie" ins Leben zu sprechen, sondern von einem „Übergehen", ist dieses „Gehen" doch irgendwie von einer Kraft geleitet, die sich nicht bloß als Resultat der sogenannten Naturkräfte erklären lässt.

Backe, backe Kuchen

Gehen wir von dem Bild aus, dass am Anfang ein winzig kleines Teilchen stand, sich vor 15–20 Milliarden Jahren der sogenannte Urknall ereignete und im Lauf der Jahre unser heutiges Universum entstand. In dem kleinen Teil waren alle Materie und Energie des gesamten Universums in ein winziges Volumen gepresst. Der Anfang des Universums wuchs in einem Sekundenbruchteil um ein X-Faches (genauer: eine 1 mit 30 Nullen).
Wir gehen in unserer Geschichte von einem wesentlich größeren Volumen aus, einem Teigklumpen. Also: Da ist, woher auch immer, ein Batzen Teig, der sich möglicherweise durch die in ihm enthaltene Hefe ausdehnt. Nicht annähernd so gewaltig wie unser Universum, aber immerhin. Aus dem bisschen Teig ist in kurzer Zeit ein größerer geworden. Er hat sich entwickelt, es hat eine Evolution stattgefunden. Nun beginnt nach der Vorstellung der Evolutionisten eine sensationelle Schöpfungsgeschichte: Der Teig wird nicht nur immer mehr, er rollt sich aus, entfaltet sich und wird beispielsweise zu einem wunderbaren Gugelhupf, welcher natürlich nur entstehen kann, wenn die Backtemperatur genau stimmt. Ist es zu

kalt, wird der Teig nicht gebacken, ist nicht ganz „durch". Ist es zu heiß oder wird er zu lange der Temperatur ausgesetzt, verkohlt er. Und es entsteht noch mehr aus dem Teigteilchen. Nicht nur ein Gugelhupf, sondern alle möglichen Formen von Kuchen: ein Streuselkuchen, ein Stollen usw. Aber auch Plätzchen in den verschiedensten Formen und unterschiedlichsten Geschmacksrichtungen. Evolutionistisch gedacht, genügen die Zeit und die Zufälligkeiten, die in dem Backmaterial auftreten, um eine unendliche Fülle von Gebäck über unendlich lange Zeit entstehen zu lassen.
Unsinn, wird man sagen: Was für eine unglaubliche Ansammlung von allen möglichen Ingredienzien muss sich in diesem Teigbatzen befunden haben? Welche enorme Kraft muss diese Hefe haben? Wer hat denn die Mischung vorgenommen, dass die fertigen Backwerke so gut schmecken? Und wie kommen sie zu den unterschiedlichsten Formen? Wer stellt genau die richtige Temperatur ein? Was ist es überhaupt, dass den Teig ausrollt, ihn „entfaltet"? Nach welchem Rezept wurde er angefertigt und wer hat dasselbe so durchdacht, dass das Gebäck auch gut schmeckt? Die Griechen beantworteten die Frage nach dem Woher sehr allgemein mit dem Begriff der *physis*. Ich habe den griechischen Begriff der *physis* sorgfältig untersucht und bin zu den unterschiedlichsten Übersetzungsmöglichkeiten gekommen. Wichtige davon lauten: Das Aufgehen, das Sich-Entfalten, sich selbst gestaltende Wachsen und Werden, das In-Erscheinung-Bringen und In-Erscheinung-Treten. Die *physis* hat also eine gewisse Allmacht, ja Göttlichkeit. Platon bringt dabei den Begriff der Idee ins Gespräch, ein ewiges Gesetz, das in der Zeit in Erscheinung treten lässt. Liegt es nicht nahe, auch den Teigbatzen, sollten ihm nicht selber geradezu unglaubliche göttliche Fähigkeiten innewohnen, ja er geradezu die Gottheit schlechthin sein, von einem Bäcker oder Konditor abhängig zu sehen, der zwar den Teig aufgehen und backen lässt, ihn aber auch immer wieder beobachtet, die Temperatur kontrolliert, eventuell auch für die spezielle Würze sorgt und die Mannigfaltigkeit der verschiedenen Formen mitbestimmt?
Um nicht missverstanden zu werden: Da ist kein Konditormeister gemeint, der ständig seine Finger im Spiel hat, wohl aber jemand,

der wie auch immer überhaupt erst auf die gute Idee gekommen ist, einen Teig zu mischen, der eine Fülle an Gestaltungsmöglichkeiten in sich trägt, der weder in seine Bestandteile zerfällt, noch ein unverdaulicher Brocken bleibt.

Leben ist mehr als Physik

Auch wenn man den Begriff des von manchen Wissenschaftlern fast vergöttlichten „Zufalls" ins Kalkül zieht, scheint mir die Multiplikation Zufall mal Zeit keine wissenschaftliche Formel zu sein, die notgedrungen auf dem Boden jener „Bedingungen" nahtlos zu Lebendigem führt.

Rupert Sheldrake

Der britische Biologe (*1942) lebte jahrelang in Indien, wo er an tropischen Gemüsepflanzen forschte. Gleichzeitig beschäftigte er sich mit indischer Philosophie und transzendentaler Meditation und wurde Anhänger des ebenfalls in Indien lebenden Benediktiners und Mystikers Bede Griffiths.

Rupert Sheldrake ist der Ansicht, dass sichtbaren Strukturen oft unsichtbare räumliche Verteilungen vorausgehen. Er bezeichnet sie als „morphogenetische Felder".[74] Sie lösen nach seiner Theorie an bestimmten Stellen Formgebungen aus.

Hier stellt sich die Frage, ob man die Bildung dieser Felder physikalisch verstehen kann. Eine reduktionistische Biologie vertritt die Ansicht, wenn die in einem biologischen Organismus wirkenden grundlegenden physikalischen Mechanismen aufgedeckt wären, wäre auch das Leben erklärt. Doch für die Behauptung, belebte und unbelebte Materie sei den gleichen physikalischen Kräften unterworfen, gibt es nicht den geringsten praktischen Beweis. Der Biologe

stellt lediglich fest, dass es wohl keinen Grund für die Annahme gibt, das von ihm erforschte molekulare Geschehen könne mit dem Wirken der normalen physikalischen Kräfte *nicht in Einklang stehen*.
Paul Davies schreibt dazu: „Trotzdem steht noch lange nicht fest, dass das Leben durch die Physik ‚erklärt' worden ist. Man hat es vielmehr einfach ‚wegdefiniert'. Wenn nämlich belebte und unbelebte Materie in ihrem Verhalten unter den Gesetzen der Physik nicht voneinander zu unterscheiden ist, wo liegt dann der entscheidende Unterschied zwischen lebenden und nicht lebenden Systemen?"[75]
Gehen wir nochmals auf die heute sehr verbreitete Meinung ein, dass Leben sich unter den entsprechenden Bedingungen zwangsweise entwickeln würde. Wir müssen eindeutig feststellen: Selbst wenn wir die Bedingungen, unter denen Leben entstand oder entsteht, genau kennen würden, würfe diese Kenntnis kein Licht auf die Natur des Lebens. Weder das Leben noch das menschliche Verhalten lassen sich ausschließlich in physikalische Begriffe fassen.
Wollte man mentale Aktivität allein naturwissenschaftlich erklären, führte dies zu einem *Circulus vitiosus,* einem Teufelskreis, weil ja jede Wissenschaft selbst auf einer mentalen Aktivität beruht. Diese Problematik ist in der modernen Physik in Verbindung mit der Rolle des „Betrachters" physikalischer Messvorgänge deutlich geworden. Wir wissen, dass sich die Grundlagen der Physik ohne Bezug auf die Eindrücke und damit auf das Bewusstsein der Beobachter nicht formulieren lassen.[76]
Wir stellen fest: Wer sagt, dass ein Ameisenhaufen nur eine Ansammlung von Ameisen ist, vergisst das Staatsverhalten der Tiere. Wer meint, Computerprogramme besäßen keine Existenz und wären bloß elektrische Impulse, vergisst das Programm selbst und den „Programmierer". Die Behauptung, der Mensch sei nur eine Ansammlung von Zellen, diese aber wiederum nichts als DNS-Abschnitte, die ihrerseits nichts als bloß Atomketten seien – damit wäre Leben so gut wie bedeutungslos –, ist unwissenschaftlich. Das Leben ist vielmehr ein ganzheitliches Phänomen, etwas, das in gewisser Weise einer Ganzheit angehört.[77]
Ordnung, Logik und Struktur sind also Voraussetzungen und nicht Folgen von naturhaften Prozessen. Lebendige Prozesse sind in der

Hinsicht noch höher organisiert. Das Bewusstsein ist sozusagen diejenige Einheit in der Gänze der Schöpfung, die ermöglicht, dass diese sich quasi selbst beobachten kann.

Damit ergibt sich als wichtige Einsicht: **Der Ursprung des Lebens und das, was Leben ist, lässt sich ohne Geist nicht erklären.** Leben ist nicht das nahezu unzureichende Ergebnis beim Vorliegen der richtigen physikalischen und chemischen Bedingungen. Es gibt keinen Grund anzunehmen, ein sogenannter „Urbrei“ werde, sich selbst überlassen, spontan dadurch Leben hervorbringen, dass er alle Kombinationen chemischer Anordnungen „durchprobiert“. Auch eine noch so große Anzahl von Jahren würde keine Schöpfung bewerkstelligen, wenn der Geist nicht von Anfang an da gewesen wäre. Begriffe wie Raum und Zeit erhalten dadurch eine schöpferische Kraft, die ihnen nicht zukommt.

6. WELTWUNDER:

Unser Ich - Bewusstsein

Nun sind wir also im sechsten Kapitel am Ende der 13,7 Milliarden Jahre und am Ende – oder sollen wir sagen am Höhepunkt? – der bisherigen Geschichte des Alls bei jenem Wesen angelangt, das im Alten Testament als „Krone der Schöpfung" bezeichnet wird: dem Menschen. Einem Wesen, das Weltwunder wie die 6260 Kilometer lange Chinesische Mauer errichten kann. Dieser Schutzwall zeugt bis heute vom enormen Selbstbewusstsein der Ming-Dynastie, die mit ihm das eigene Reich abgrenzte und sicherte. Ist es dieses reflektierte Bewusstsein, das uns Menschen ausmacht? Hier sehen wir uns wieder vor eine der ganz großen Fragen gestellt, nämlich der, wer oder was der Mensch überhaupt ist. Jeremias Gotthelf meint: „Der Mensch kennt alle Dinge der Erde, aber den Menschen kennt er nicht." Im Laufe der Zeit wurde immer wieder versucht, teils auch auf humorvolle Art, Definitionen für dieses rätselhafte Wesen zu geben. Eine kleine Auswahl:

„Der Mensch ist das denkende Tier." (Ludwig Klages)

„Der Mensch ist ein Tier, das sich vervollkommnen kann." (Immanuel Kant)

„Der Mensch ist die Dornenkrone der Schöpfung." (Stanisław Jerzy Lec)

„Der Mensch ist das einzige Lebewesen, das von sich eine schlechte Meinung hat." (George Bernhard Shaw)

„Der Mensch ist das Wesen, das ein Selfie benötigt, um sich seiner Existenz zu versichern." (Carlo Sölch)

„Der Mensch, ein durch die Zensur gerutschter Affe." (Gabriel Laub)

„Der Mensch ist das einzige Tier, das erröten kann – oder muss." (Mark Twain)

Die Sammlung solcher Aussprüche ließe sich beliebig fortsetzen. Sehen wir in dieser verwirrenden Fülle eigentlich Gemeinsamkeiten? Immer wieder heißt es ja: „Der Mensch ist das Tier, ..." Was hebt nun die Menschheit wirklich vom Tierreich ab? Gerade die moderne Verhaltensforschung zeigt uns immer mehr Fähigkeiten bei Tieren, die man früher nur dem Menschen zugesprochen hatte, wie etwa in der Aussage von Thomas Carlyle: „Der Mensch ist ein Tier, das Werkzeuge benutzt." Selbst der den Menschen auszeichnende Intelligenzbegriff wird bei der Erkenntnis großer Intelligenzleistungen auch bei Tieren infrage gestellt, und jene Psychologie, die noch immer, sogar in wissenschaftlichen Büchern, auf die Definition aufbaut, das Intelligenz das ist, was man mit dem Intelligenztest messen kann, zeigt, welch Unsinn unter dem Anschein der Wissenschaft immer wieder verkündet wird. Gibt es also etwas, was den Menschen wirklich vom Tier abhebt? Dazu nochmals ein Zitat: „Der Mensch ist ein Tier höherer Gattung, welches sich von anderen Tieren dadurch unterscheidet, dass es sich von ihnen unterscheidet." (Hugo Grotius) In der Tat ist es wohl das Besondere des Menschen, dass er versucht, sich dadurch zu bestimmen, dass er sich infrage stellt und versucht, *über* sich selbst Bescheid zu wissen. Der Mensch stellt Fragen wie: „Wer bin ich?", „Was ist der Mensch?", „Warum bin ich da?". Tiere und die übrige Natur fragen nicht, sie sind bzw. leben einfach.

Die Ros' ist ohne Warum.
Sie blüht, weil sie blüht,
sie achtet nicht ihrer selbst,
fragt nicht, ob man sie sieht.

Angelus Silesius

Dieses Wissen um das eigene Ende, den eigenen Tod, und die daraus entstehenden Fragen sind das wohl Eigentliche, das das menschliche Sein ausmacht.

Definition

Ein Hund
der stirbt
und der weiß
dass er stirbt
wie ein Hund

und der sagen kann
dass er weiß
dass er stirbt
wie ein Hund
ist ein Mensch.

Erich Fried

Aus den existentiellen Fragen wird eine Art Selbsterkenntnis in ihrer ganzen Fragwürdigkeit. Denken wir nochmal an den Spruch von Mark Twain, dass der Mensch das Wesen ist, das sich schämen kann, und erinnern wir uns an die Aussage des Alten Testaments, dass Adam und Eva nach dem Probieren von der verbotenen Frucht vom Baum der Erkenntnis feststellten, dass sie „nackt“ waren! Der Aphoristiker Carlo Sölch hat dieses Erkennen in die witzige Form gebracht: „Der erste Affe, der zu sich gesagt hat: ‚Oje bin ich ein Affe!‘, ist der erste Mensch gewesen.“

In diesem sogenannten Ich-Bewusstsein bricht nun wieder etwas ganz Neues in der langen Geschichte des Seins auf, das sogar dazu führt, dass Selbsterkenntnis eine wesentliche Aufgabe des Menschseins ist. Der Mensch ist nicht einfach Natur, ist nicht bloß *Physis*, sondern steht irgendwie auch in Distanz zu ihr, aber auch zu sich selbst. Das zeigt sich in den genannten Fragen: „Wer bin ich?“, „Woher komme ich?“, „Wohin gehe ich?“ und „Warum bin ich da?“.

Ein besonderes Anliegen dieses Buches ist, von der Naturwissenschaft mehr oder weniger unreflektierte Begriffe wie das schon mehrmals zitierte: „Es entstand“ oder „Es entwickelte sich“ infrage zu stellen. In dieses „Entstehen“ bzw. „Entwickeln“ wird eine nicht benannte Schöpferkraft hineinverlegt. Es wird zu etwas Kreativem, also geradezu einer Schöpfung Gottes. Einziger Unterschied zu Letzterem ist, dass hier klar ein Glaube sichtbar wird. Ersteres aber erhebt in seiner Unschärfe naturwissenschaftlichen Anspruch. Wissenschaft wird hier zu einem sich nicht infrage stellenden Dogma. Das zeigt sich auch in einem geradezu naiven Glauben, dass sich durch Reduktion von einer Aufteilung des Ganzen in immer kleinere Teile die letzte Wahrheit erkennen lässt. Wenn wir alles bis in seine letzten Bestandteile zerkleinert haben und diese durch das Mikroskop betrachten, werden angeblich alle Rätsel der Welt gelöst. Helmut Schwegler hat in seinem Aufsatz „Reduktionismen und Physikalismen"[78] ganz klar auf Wert und Unwert reduktionistischen Vorgehens hingewiesen. Es zeigt sich immer wieder, dass die aristotelische Erkenntnis, dass das Ganze mehr als die Summe der Teile darstellt, in Vergessenheit geraten ist. So steht ein oft lineares Denken von Ursachen und Wirkung trotz neuesten Erkenntnissen aus der Chaosforschung und Quantenphysik noch immer hoch im Kurs. Letztlich finden wir in manchen evolutionistischen Vorstellungen noch immer den Irrglauben, dass das wie immer vorgestellte *evolvere* – allenfalls mit kleinen Umwegen – weitgehend in einer steten, klaren Linie verläuft. Doch menschliches Selbstbewusstsein kann keineswegs linear als ein bloßes Entstehen beziehungsweise durch den immer wieder zitierten Zufall erklärt werden.

Es wäre wesentlich wissenschaftlicher, den Begriff des „Zusammenspielens" ins Spiel zu bringen. Damit würde den aus den Erkenntnissen der Chaostheorie und Quantenphysik gewonnenen Einsichten im Hinblick auf eine Probabilität mehr Rechnung getragen werden. Um ein Bild zu gebrauchen: Das Ergebnis eines Fußballspieles, etwa zwischen dem FC Bayern und Borussia Dortmund, lässt sich nicht einfach erklären, wenn man die Mannschaftsaufstellung bekannt gibt, die Ablösesumme und das Gehalt der einzelnen Spieler aufzeichnet.

So gehört also auch unser Ich-Bewusstsein zu den ungeklärten Wundern, denen wir nur mit Staunen und Fragen begegnen können. Der Schriftsteller Jostein Gaarder hat immer wieder in literarischer Form auf das Wunder der Ichwerdung in der Geschichte des Lebendigen hingewiesen. Für ihn reicht die Stafette von einem Ausgangspunkt als ungebrochene Linie bis zu jedem von uns, ein einziges großes Wunder.

Unser Leben, die Tatsache, dass „wir" das Glück haben, in all den Ereignissen seit dem Urknall unbeschadet das Licht der Welt erblickt zu haben, nennt er eine riesige Lotterie, bei der nur „Gewinnerlose"[79] sichtbar sind. Er schreibt: „Ich spreche von einer einzigen langen Kette von Zufällen ... Und diese Kette lässt sich bis zur ersten lebenden Zelle zurückverfolgen, die sich teilte und damit den Anstoß für alles gab, was heute auf diesem Planeten wächst und gedeiht. Die Chance, dass *meine* Kette nicht irgendwann im Laufe von drei bis vier Milliarden Jahren unterbrochen wurde, ist so klein, dass es fast unvorstellbar ist. Aber ich bin durchgekommen ... Ich weiß, welches Glück jedes einzelne kleine Gewürm auf diesem Planeten hat."[80]

Das erinnert sehr an das sogenannte anthropische Prinzip, das besagt, alles entwickle sich auf den Menschen hin, damit es die Chance bekäme, erkannt, anerkannt und „mit Beifall" gewürdigt zu werden. Eine Tatsache ist, dass der Mensch sich im Laufe seines Lebens alle sieben Jahre biologisch vollkommen erneuert. Der Körper baut ständig neue Zellen auf und stößt alte ab. So sind wir also nach dieser Zeitspanne ein vollkommen anderer, ein neuer, „frischer" Mensch. Trotzdem bin ich immer noch derselbe, immer noch Ich. Was ist nun dieses „Ich", das mich „zusammenhält", oder besser gesagt, das in mir „durchhält"? Ist das nicht fast ein genauso großes Wunder wie das, welches wir jedes Jahr erleben, wenn nach der im Winter scheinbar tot daniederliegenden Welt im Frühjahr ein Wachsen, Grünen und Blühen geschieht? Wenn der wie ein kahler Besen aussehende Baum wieder Knospen treibt, daraus Blüten und später Früchte entstehen? Oder denken wir an das Wunder der Metamorphosen, wenn etwa die Raupe zum Schmetterling wird!

Das Phänomen, dass über allem Wandel, über aller Vergänglichkeit des Menschen etwas da ist, was um sein Selbst weiß, sich dessen bewusst ist, ist das Wunder des Seins der Person. Ich weiß um mich selber, mein Dasein, Werden, aber auch Vergehen. Und gerade auch von diesem Wissen her kann und muss ich mein Leben bestimmen. Jeder, der beispielsweise ein Bild, das ihn als Kind zeigt, betrachtet, erlebt in gewisser Weise dieses Staunen, was aus dem Säugling, dem Schulanfänger und so weiter geworden ist.

Das kleine Kind dort auf dem Bild,
das mit dem Teddybären spielt,
das Kind dort mit dem runden Kopf,
das Kind dort mit dem blonden Schopf,
es geht mir gar nicht aus dem Sinn,
dass ich das mal gewesen bin.
Und wenn ich mal nach langer Zeit
ein Bild mir anseh', wie ich heut
und jetzt im Augenblick ausschau,
dann werde ich wohl ganz genau
so denken: War das wirklich ich?
Wie hab ich bloß verändert mich?
Und noch bin ich nach Tag und Jahr
stets immer der noch, der ich war.
Die Zeit vergeht, die Zeit verrinnt,
aus einem Baby wird ein Kind.
Und aus dem Kind wird irgendwann
mal eine Frau oder ein Mann.
Und doch: jung, alt, groß oder klein,
ich bin's, ich war's, ich werd' es sein.

Rainer Maria Rilke hat dieses Wissen um das eigene Gewordensein und die Kontinuität des Ich-Bewusstseins in die großartigen Zeilen gebracht:

Wenn die Uhren so nah
wie im eigenen Herzen schlagen,
und die Dinge mit zagen
Stimmen sich fragen:
Bist du da? – :

Dann bin ich nicht der, der am Morgen erwacht,
einen Namen schenkt mir die Nacht,
den keiner, den ich am Tage sprach,
ohne tiefes Fürchten erführe –

Jede Türe
in mir gibt nach ...

Und da weiß ich, dass nichts vergeht,
keine Geste und kein Gebet
(dazu sind die Dinge zu schwer) –
meine ganze Kindheit steht
immer um mich her.
Niemals bin ich allein.
Viele, die vor mir lebten
und fort von mir strebten,
webten,
webten
an meinem Sein.

Und setz ich mich zu dir her
und sage dir leise: Ich litt –
hörst du?

Wer weiß wer
murmelt es mit.

Die wohl eindrucksvollste Darstellung des von uns so bezeichneten Wunders finden wir aber in den Terzinen von Hugo von Hofmannsthal:

Über Vergänglichkeit

Noch spür' ich ihren Atem auf den Wangen:
wie kann das sein, dass diese nahen Tage
fort sind, für immer fort, und ganz vergangen?

Dies ist ein Ding, das keiner voll aussinnt,
und viel zu grauenvoll, als dass man klage:
dass alles gleitet und vorüberrinnt.

Und dass mein eignes Ich, durch nichts gehemmt,
herüberglitt aus einem kleinen Kind
mir wie ein Hund unheimlich stumm und fremd.

Dann: dass ich auch vor hundert Jahren war
und meine Ahnen, die im Totenhemd,
mit mir verwandt sind wie mein eignes Haar,

so eins mit mir als wie mein eignes Haar.

7. WELTWUNDER:

Liebe

Das letzte Kapitel ist dem größten aller Wunder, der Liebe, gewidmet. Symbolisch steht dafür der Taj Mahal, ein weltbekanntes, prachtvolles Mausoleum, das im 17. Jahrhundert vom Großmogul Shah Jahan für seine verstorbene große Liebe Mumtaz Mahal errichtet wurde. Doch wie kamen das Schöne, das Wahre und die Liebe in diese Welt? Blicken wir nochmals auf den Anfang zurück. Zu Beginn war diese sogenannte Singularität, das „Ur-Atom“, von größter räumlicher Kleinheit und unendlicher Dichte, bei dem irgendwie fast Null und Unendlichkeit zusammenfallen. Hawking spricht von einem einzigen Raumpunkt mit dem Volumen Null, wie eine Kugel mit dem Radius Null und stellt fest: „Damals müssen die Dichte des Universums und die Krümmung der Raumzeit unendlich gewesen sein. Das ist der Zeitpunkt, den wir den Urknall nennen.“[81]

Mit dem Urknall begann also die Zeit. Wir wissen, dass der Radius des Universums um das Millionen-Millionen-Millionen-Millionen-Millionen-fache (eine Eins mit 30 Nullen) wuchs[82] und schon nach wenigen Stunden nach dem Urknall Helium und andere Elemente „entstanden“.

Weitere Stationen waren die Verbindung der Atome, die Geburt scheibenartiger Galaxien, Verdichtung der Gaswolken zu Sternen wie unserer Sonne, die sich vor etwa fünf Milliarden Jahren gebildet hat. Ein kleiner Teil des Ganzen schloss sich zu Körpern zusammen, die heute wie die Erde die Sonne umkreisen.[83] Wir haben gesehen, wie es damals, wie es Hawking nennt, zu „Zufallsverbindungen“ von Atomen zu größeren Strukturen „gekommen ist“, die „in der Lage waren“, andere Atome zu ähnlichen Strukturen zusammenzusetzen.[84] Ich habe nun versucht, den eigentlich oft so sorglosen Gebrauch auch bedeutender Naturwissenschaftler mit diesen Begriffen „zustande kommen“, „entwickeln“, „sich verbinden“, „Zufallsverbindungen“ infrage zu stellen und als eine ehrlichere Antwort die offene Frage herauszustellen.

Wie dem auch sei, nun liegt also als vorläufiges Endprodukt ein nach wie vor rätselhaftes Universum vor. Und dazu unser blauer Stern, die Erde, die die bisher noch auf keinem anderen Stern entdeckten Wunder Leben und Wesen, die mit Gaben wie Kreativität und Ich-Bewusstsein ausgestattet sind, beheimatet.

Das All ist in einem ständigen Wechsel von Werden und Vergehen und einer noch fortwährenden Ausdehnung begriffen. Wir wissen nicht genau, was das Ende sein wird, endlose Ausdehnung oder Zusammensturz. Was uns Menschen anbetrifft, ist die Erde von Anfang an geprägt von Mord und Totschlag, Grausamkeiten und Krieg. Da stellt sich am Ende dieses Buches vielleicht nicht nur mir die simple Frage: Urknall, „glückliche Zufälle", aber auch „Wunder" – was haben sie letztlich gebracht? Simpel gefragt: Wozu der ganze „Aufwand"?
Auf diese sich auch mir stellende Frage versuchte ich bei einem Spaziergang eine Antwort zu finden. Auf einer Bank im Park sah ich eine Frau, die unendlich glücklich ihr Baby in den Armen hielt. Meine kleinen Enkel begrüßten mich bei meiner Rückkehr und zeigten mir mit strahlenden Augen, was sie für mich gebastelt hatten. Darf ich dieses Buch mit der Hoffnung beenden, dass Liebe die eigentliche Energie der Schöpfung ist? Spricht ihr nicht Vergil die größte Kraft zu, wenn er sagt: „Omnia vincit amor" (Die Liebe besiegt alles)? Auf alle Fälle ist sie für mich das größte Wunder von all denen, die ich in diesem Buch versucht habe aufzuzeigen. Und ich verspreche, dass ich mich zum Atheismus bekennen würde, wenn mir jemand streng naturwissenschaftlich aufzeigen könnte, wie aus jenem Urknall sich die Liebe beispielsweise einer Mutter Teresa entwickelt hat. Meine letzten Zeilen dieses Buches sind die persönlichsten. Im Jahr 2020 verstarb unser lieber Sohn Christian völlig unerwartet im Alter von 42 Jahren. Einen Tag vor seinem Tod besuchte ich ihn noch einmal im Krankenhaus, nicht ahnend, dass es unsere letzte Begegnung sein würde. Er lag an vielen Schläuchen angeschlossen auf der Intensivstation fast leblos im Bett. Als er mich wahrnahm, blickten seine Augen nochmals auf, er ergriff meine Hand und legte sie auf seine Brust. Ich spürte wie nie zuvor einen wundersamen warmen Strahl und ein ganz intensives Schlagen seines Herzens. Dann sagte er mit lauter, klarer Stimme: „Papa, ich hab dich lieb." Es waren die letzten Worte, die ich von ihm hörte. Sie sind ein Teil von mir geworden, stets mir belebende Kraft des größten allen Wunders, der Liebe. Ich weiß, sie werden mich bis zu meinem letzten Atemzug tragen und durchfluten.

So lassen Sie mich das Buch, das eigentlich auch den Titel haben könnte: „Die eigentliche Antwort ist die Frage“, mit dem Besten schließen, was zu diesem größten aller Wunder meines Erachtens gesagt wurde. Die Liebe ist, wie ich glaube, der Anfang und Ausgang von allem, was ist, ewigwährende Vollendung, Sinn der gesamten Schöpfung und jedes einzelnen Geschöpfes.

Das Hohelied der Liebe

Wenn ich mit Menschen und mit Engelzungen redete und hätte der Liebe nicht, so wäre ich ein tönendes Erz oder eine klingende Schelle. Und wenn ich prophetisch reden könnte und wüsste alle Geheimnisse und alle Erkenntnis und hätte allen Glauben, sodass ich Berge versetzen könnte, und hätte der Liebe nicht, so wäre ich nichts. Und wenn ich alle meine Habe den Armen gäbe und meinen Leib dahingäbe, mich zu rühmen, und hätte der Liebe nicht, so wäre mir's nichts nütze. Die Liebe ist langmütig und freundlich, die Liebe eifert nicht, die Liebe treibt nicht Mutwillen, sie bläht sich nicht auf, sie verhält sich nicht ungehörig, sie sucht nicht das Ihre, sie lässt sich nicht erbittern, sie rechnet das Böse nicht zu, sie freut sich nicht über die Ungerechtigkeit, sie freut sich aber an der Wahrheit; sie erträgt alles, sie glaubt alles, sie hofft alles, sie duldet alles. Die Liebe höret nimmer auf, wo doch das prophetische Reden aufhören wird und das Zungenreden aufhören wird und die Erkenntnis aufhören wird. Denn unser Wissen ist Stückwerk und unser prophetisches Reden ist Stückwerk. Wenn aber kommen wird das Vollkommene, so wird das Stückwerk aufhören. Als ich ein Kind war, da redete ich wie ein Kind und dachte wie ein Kind und war klug wie ein Kind; als ich aber ein Mann wurde, tat ich ab, was kindlich war. Wir sehen jetzt durch einen Spiegel in einem dunklen Bild; dann aber von Angesicht zu Angesicht. Jetzt erkenne ich stückweise; dann aber werde ich erkennen, gleichwie ich erkannt bin. Nun aber bleiben Glaube, Hoffnung, Liebe, diese drei; aber die Liebe ist die größte unter ihnen.

Bibel, 1. Korinther 13

Endnoten

1 Augustinus, De civitate dei, XI, 6
2 Stephen Hawking/Leonard Mlodinow (2010), Der große Entwurf. Eine neue Erklärung des Universums, Reinbek: Rowohlt, S. 177
3 John Lennox (2015), Stephen Hawking, das Universum und Gott, 4. Aufl. der deutschen Ausgabe, Witten: SCM Verlag, S. 37 ff.
4 Alexander Müller (2002), Die Zeit als implizite Kategorie der Pädagogischen Anthropologie, Hamburg: Kovac, S. 296
5 Lennox (2015), S. 21
6 vgl. Müller (2002), S. 284
7 vgl. Müller (2002), S. 314
8 vgl. Müller (2002), S. 315
9 vgl. Müller (2002), S. 316
10 vgl. Müller (2002), S. 2 ff.
11 Paul Davies (1996), Der Plan Gottes. Die Rätsel unserer Existenz und die Wissenschaft, Berlin: Insel, S. 84
12 vgl. Müller (2002), S. 317 f.
13 Davies (1996), S. 95 f.
14 Stephen Hawking (1988), Eine kurze Geschichte der Zeit. Die Suche nach der Urkraft des Universums, Reinbek: Rowohlt, S. 218
15 Hawking/Mlodinow (2010), S. 177
16 Hawking/Mlodinow (2010), S. 177
17 vgl. Müller (2002), S. 148 ff.
18 Lennox (2015), S. 29
19 Hawking (1988), S. 217
20 zitiert nach O. Höfling (1994), Physik. Band II Teil 1: Mechanik, Wärme. 15. Auflage
21 Müller (2002), S. 188 f.
22 Müller (2002), S. 167 ff.
23 vgl. ebd.
24 vgl. ebd.
25 Harald Lesch (2011), Die Elemente, Naturphilosophie, Relativitätstheorie & Quantenmechanik: 4 Vorlesungen. München: Komplett-Media, S. 24
26 Jean Guitton/Grichka Bogdanov/Igor Bogdanov (1993), Gott und die Wissenschaft. München: Artemis Winkler, S. 34
27 vgl. Müller (2002), S. 346
28 vgl. Müller (2002), S. 346
29 vgl. Müller (2002), S. 347
30 ebd.
31 ebd.
32 Guitton et al. (1993), S. 44
33 Harald Lesch/Josef Gaßner (2012), Urknall, Weltall und das Leben: Vom Nichts bis heute morgen. München: Komplett-Media, S. 76
34 Lesch/Gaßner (2012), S. 18
35 Hubert Reeves (1989), Die kosmische Uhr. Hat das Universum einen Sinn? Düsseldorf: Claassen, S. 136

36 Wer sich dafür näher interessiert, kann Genaueres nachlesen bei: Paul Davies (1988), Prinzip Chaos. Die neue Ordnung des Kosmos. München: Goldmann, S. 56 ff.
37 Paul Feyerabend (1980), Erkenntnis für freie Menschen. Frankfurt: Suhrkamp, S. 170
38 vgl. Müller (2002), S. 195 ff.
39 vgl. ebd.
40 Harold J. Morowitz (1979), Energy Flow in Biology. Woodbridge, CT: Ox Bow Press
41 Manfred Eigen/Ruthild Winkler (1985), Das Spiel. München: Piper, S. 18
42 vgl. ebd.
43 vgl. Müller (2002), S. 334 ff.
44 vgl. Harald Atmanspacher/Hans Primas/Eva Wertenschläger-Birkhäuser (1995), Der Pauli-Jung-Dialog. Heidelberg: Springer, S. 1 f.
45 Atmanspacher et al. (1995), S. 339
46 vgl. Müller (2002), S. 341
47 Joseph Ratzinger (2004), Einführung in das Christentum. München: Kösel, S. 168
48 Michael von Brück (1986), Einheit der Wirklichkeit. München: Kaiser, S. 224
49 vgl. hierzu: Ernst Peter Fischer (2018), Die andere Bildung. Berlin: Ullstein, S. 154 ff.
50 John Gribbin/Martin Reese (1994), Ein Universum nach Maß. Bedingungen unserer Existenz. Taschenbuchausgabe, Frankfurt a. M./Leipzig: Insel, S. 262 ff.
51 vgl. Müller (2002), S. 312 ff., und Fischer (2018), S. 201 ff.
52 Ich habe hier eine sehr verkürzte Darstellung gewählt. Detailliert nachzulesen bei Gribbin/Reese (1994), S. 244 ff.
53 vgl. zu den Details dieser Debatte Fischer (2018), S. 214 ff.
54 Sehr unterhaltsam wird das im Detail erklärt bei Mai Thi Nguyen-Kim, Aliens auf Siliziumbasis?, https://www.youtube.com/watch?v=cxDGjPLxvho&feature=youtu.be [27.07.2021]
55 vgl. Fischer (2018), S. 283 ff.
56 vgl. Alexander Müller/Ingo Rentschler (2003), Die Schulung der Hand ist die Schulung des Geistes. In: TPS 1/2003, Seelze: Kallmeyer, S. 7
57 vgl. Müller (2002), S. 296
58 vgl. ebd.
59 Paul Davies (1989), Gott und die moderne Physik. Taschenbuchausgabe, München: Goldmann, S. 85
60 Katechismus der katholischen Kirche (1993) München/Wien: Oldenburg, S. 93
61 Katechismus der katholischen Kirche (1993), S. 105
62 vgl. John Brockman (1990), Einstein, Frankenstein & Co. oder: Die Geburt der Zukunft. Die Bilanz unseres naturwissenschaftlichen Weltbildes an der Schwelle zum dritten Jahrtausend: Bern/München: Scherz, S. 206
63 Harald Lesch/Harald Zaun (2011), Die kürzeste Geschichte allen Lebens. 4. Aufl., München: Piper, S. 116
64 vgl. Christian Kummer (2009), Leben, I. Naturwissenschaftlich, in: Lexikon für Theologie und Kirche, Band 6: Kirchengeschichte – Maximianus. Freiburg i. B.: Herder, S. 707 f.

65 Davies (1988), S. 146
66 Davies (1989), S. 88
67 vgl. Müller (2002), S. 214
68 Douglas Hofstadter (1979), Gödel, Escher, Bach. New York: Basic Books
69 Erwin Schrödinger (1944), What is life? Cambridge: Cambridge University Press
70 Harald Lesch (2021), Was hat das Universum mit mir zu tun?, München: Penguin Verlag, S. 108; S. 98
71 vgl. auch Paul Davies/John Gribbin (1997), Auf dem Weg zur Weltformel. 5. Aufl., München: dtv, S. 267 f.
72 vgl. John C. Eccles (1982), Das Rätsel Mensch. München/Basel: Ernst Reinhardt Verlag, S. 64
73 vgl. Davies/Gribbin (1997), S. 270
74 Rupert Sheldrake (1996), Das schöpferische Universum. Die Theorie des morphogenetischen Feldes. Berlin: Ullstein
75 Davies (1988), S. 145
76 Bernard d'Espagnat (1976), Conceptual Foundations of Quantum Mechanics. 2. Aufl., Boston/Massachusetts: Addison Wesley, S. 24
77 Davies (1989), S. 92
78 in: M. Pauen/G. Roth (2001), Naturwissenschaften und Philosophie, München
79 vgl. J. Gaarder (2017), Das Kartengeheimnis, München S. 129
80 ebd., S. 126
81 Stephen Hawking (2005), Die kürzeste Geschichte der Zeit, Hamburg: Rowohlt, S. 81
82 vgl. ebd., S. 87
83 vgl. ebd., S. 97 f.
84 ebd., S. 99

Bildnachweis

S. 15: © GFreihalter/CC-BY-SA-3.0 (Wikimedia Commons), S. 16: © picture-alliance/IMAGNO/Austrian Archives, S. 19: © David Shankbone/CC-BY-SA-3.0 (Wikimedia Commons), S. 20: © stock.adobe.com/GP Photography, S. 25: © stock.adobe.com/Renáta Sedmáková, S. 27: © stock.adobe.com/jekatarinka, S. 31: © Christliches Medienmagazin pro/CC-BY-SA-2.0 (Wikimedia Commons), S. 34: © Sergio Spolti/CC-BY-SA-4.0 (Wikimedia Commons), S. 35, 77: © Sarawut Itsaranuwut/Shutterstock, S. 38, 81: © stock.adobe.com/MNaniti, S. 39: © Cmichel67/CC-BY-SA-4.0 (Wikimedia Commons), S. 51: © stock.adobe.com/a37010027, S. 58: © picture-alliance/akg-images, S. 61: © Georges Seguin/CC-BY-SA-3.0,2.5,2.0,1.0 (Wikimedia Commons), S. 76: © ETH-BIBLIOTHEK/CC-BY-SA-4.0 (Wikimedia Commons), S. 94: © http://ucispace.lib.uci.edu/handle/10575/1060, S. 98: © stock.adobe.com/Monster_Design, S. 101: © stock.adobe.com/robu_s, S. 104: © stock.adobe.com/Sunnydream, S. 109: © Zereshk/CC-BY-SA-3.0 (Wikimedia Commons), S. 112: © stock.adobe.com/stockshoppe, S. 121: © stock.adobe.com/lapencia, alle anderen Cartoons: © stock.adobe.com/RetroClipArt

Textnachweis

Helmut Zöpfl: Was vom Nichts (S. 32) / Schöpfung (S. 84 f.) / Andrea und der Zufall (S. 69 ff.), aus: Ders., Dem Leben einen Sinn geben © 1996, Rosenheimer Verlagshaus GmbH & CO. KG, S. 114, 116–121.

Erich Fried: Definition (S. 115), aus: Ders., Gesammelte Werke. Gedichte und Prosa. Hrsg. Volker Kaukoreit und Klaus Wagenbach © 1993, 1998, 2006 Verlag Klaus Wagenbach, Berlin.

Ernst Jandl: Stunden (S. 104), aus: Ders., Werke, hrsg. von Klaus Siblewski © 2016 Luchterhand Literaturverlag, München, in der Penguin Random House Verlagsgruppe GmbH.

Das Hohelied der Liebe (S. 124), Lutherbibel, revidiert 2017, © 2016 Deutsche Bibelgesellschaft, Stuttgart.

Wir danken allen Rechteinhabern für die freundlich erteilte Abdruckerlaubnis. Der Verlag hat sich bemüht, alle Rechteinhaber in Erfahrung zu bringen. Für zusätzliche Hinweise sind wir dankbar.